淘气包马小跳 系列

XIAO YINGXIONG
HE BALEI GONGZHU

小英雄和芭蕾公主

杨红樱 著

接力出版社
Publishing House

杨红樱YANG HONGYING

杨红樱的铁杆小书迷

藏族小姑娘是"马小跳"校园剧全国邀请赛的小评委

揭晓"马小跳"校园剧全国邀请赛赛徽

他像不像唐飞？

热烈欢迎
杨红樱阿姨

杨红樱阿姨我们想对你说：

小读者写给杨红樱的心里话

小心愿

真心话
大行动

感谢
杨红樱
阿姨给了我们
一个甜美的童年

所以您用
生花妙的手载

心把您！
您的读者：

杨红樱在孩子们中间

农村学校的孩子自编、自导、自演"马小跳"校园剧

孩子们争当"马小跳"校园剧小演员

像不像马小跳，孩子们说了算！

相约马小跳　你我献爱心

马小跳爱心大行动——杨红樱四川签售活动

只要人人都献出
这世界将变成美
一万册"马小跳
将用来资助贫困

时间：2005年8月

将义卖"马小跳"一万册书款捐助给贫困学子

将"马小跳"域名赠送给成都实验小学

精彩马小跳

棒极了！福建

全国首届"马小跳"校园剧决赛现场

与"马小跳"铁杆小书迷在一起

在"马小跳"校园剧中扮演马小跳的小演员

参加"马小跳"英文版授权签约仪式

和接力出版社共同捐资十万元救助白血病患儿

和白血病患儿观看全国"马小跳"校园剧

捐赠现场白血病患儿表演"马小跳"校园剧

目录

五月十二日那一天

　　马小跳永远忘不了那一天——公元二〇〇八年五月十二日，永远忘不了那一个时刻——十四点二十八分，马小跳正在教室里上语文课，秦老师让大家用成语"亡羊补牢"造句，毛超又是第一个举手，因为没有其他同学举手，秦老师只好请他了。

毛超站起来就说："马小跳身上优点很多，但是，他的缺点也很多，如果他不及时改正这些缺点，后果不堪设想。"

马小跳没想到毛超造句会以他为素材，他很快发现了毛超造的句子有一个严重的问题。他来不及举手，便站了起来："造的什么句子呀？'亡羊补牢'这个词都没用上去。"

秦老师也发现了这个严重的问题。她严厉的目光从厚厚的眼镜片后面射出来，射向毛超。毛超反应极快："我重新来一遍，大家都听好了——马小跳身上优点很多，缺点也很多，如果他不亡羊补牢及时改正这些缺点，后果将不堪设想。"

秦老师严厉的目光，变成了赞许的目光，她还表扬毛超造的这个句子能够"古为今用"，"贴近现实生活"。马小跳心里不平衡了，他也要以毛超为素材造一个句子。

马小跳把手高高地举起来。这时，本来也有几个举手的，他们见马小跳举手，知道他要报复毛超，又有好戏看了，便将自己的手都放下了。

只有马小跳一人在举手，秦老师不得不请马小跳。

马小跳站起来："毛超……毛超……"

马小跳根本就没想好他要造的句子。

秦老师皱皱眉头，走到马小跳的课桌前。这时，马小跳看见秦老师头上的灯摇晃起来，秦老师站不稳，朝马小跳扑过来，马小跳赶紧扶住秦老师。

教室的窗户全部在哗啦哗啦地响，教室里的人仿佛坐在海浪中颠簸的船上，身子摇过来晃过去。

这突如其来的情景，只有在电影里才见过。

啪的一声，一盆花从窗台上摔下来，摔得粉碎，泥土飞溅。

窗外，那些巍峨的高楼像钟摆一样，左右摇摆。

"啊——啊——"

许多女生在尖叫，安琪儿在哇哇大哭。

"地震了!"秦老师不愧是有经验的老教师，情急之中，她从容镇定，高声喊道，"孩子们，快跑! 到操场上去!"

惊慌失措的孩子们都拥到教室门口，牛皮却把男生往后面推："让女生先走!"

可是，好些女生的腿都被吓软了，根本迈不动步

3

子，教室门口反而被堵住了。

张达牵起一个女生的手就往楼下冲。此时此刻，男生要保护女生的责任感，在每一个男生的心中油然而生，他们没有只顾自己，而是牵起身旁女生的手，一起往楼下操场跑。

马小跳牵的是夏林果的手。刚才，离夏林果最近的两个男生，丁文涛在她的左边，马小跳在她的右边，也就是说，夏林果可以把她的手交给丁文涛，也可以交给马小跳，但她不假思索地把手交给了马小跳，她相信马小跳更能给她安全感。

如果不是在这非常时刻，你就是给马小跳一百个胆，他也不敢去牵夏林果的手。现在，他紧紧握住夏林果的手，比任何时候更像一个男子汉，他要把这个在他心中至高无上的女孩，在最短的时间内，护送到安全地带。

而这时的夏林果，也不再是骄傲的芭蕾公主、一呼百应的大队委，她只是一个需要保护的柔弱女孩，马小跳在她心中，就是顶天立地的男子汉。她乖乖地让马小跳牵着她的手，跟随着马小跳，从三楼跑了下去。

几乎就在两三分钟以内，教学楼里的学生和老师全部疏散到了操场上。眼前的一切似乎已经平静下来，但大家惊魂未定，每个人的眼睛都睁得大大的，充满了恐惧。

　　每个班都在清点人数，马小跳他们班的学生一个都不少，唯独少了秦老师。

　　有同学说，看见秦老师是最后一个离开教室的。

　　马小跳立刻冲向教学楼，他要去找秦老师。张达也跟了去。

　　"秦老师，您在哪儿？"

　　马小跳一路喊着，他的声音里带着哭腔，如果秦老师真的出了意外……马小跳不敢往下想。

　　在二楼的拐角处，马小跳终于看见了秦老师，她正扶着墙，艰难地挪着步子。

　　"秦老师，您怎么啦？"

　　"我没事。"秦老师的脸涨得通红，喘着粗气，"可能是高血压的病又犯了……"平日里，秦老师只要一着急，血压都会噌噌往上升。刚才，在危急关头，她心里只有她的学生，她要用生命来确保她的每一个学生都安全。看着班上所有的学生都离开了教

室，跑到了空旷的操场上，她悬起的一颗心才放下来。而这时，她才感觉到自己很不舒服，头晕目眩，心跳加速。

不由分说，马小跳将秦老师扶到张达的背上。关键时刻，张达总是最有用的一个人。他背起秦老师，冲下楼去。

全校师生一个不少都在操场上了，听欧阳校长通报几分钟前发生的惊心动魄的事情。原来，离这个城市有一百多公里的望龙山区发生了里氏八级地震。

望龙山区？马小跳的奶奶家不就在望龙山区吗？马小跳心里咯噔一下：这么厉害的地震，奶奶的家还在吗？奶奶和爷爷还好吗？还有奶奶家那只爱管闲事的狗，那头有理想的猪"黑旋风"，那只痴情的大黑猫和那只会说话的鹩哥，它们怎么样了？

马小跳心急如焚，他冲到秦老师跟前："秦老师，我奶奶的家就在望龙山区，我要借您的手机给奶奶打电话！"

秦老师马上摸出她的手机，递给马小跳。马小跳拨了奶奶家的电话号码，那边一点反应都没有。连拨三次，都不通。啊，外面跟震中区的通信完全断了。

6

马小跳又拨马天笑先生的电话，不通；拨宝贝儿妈妈的手机，也不通。啊，这座城市的通信也中断了。

亲的人，爱的人，不在跟前，又没有音信，人人心中的那份牵挂……这座刚才还在颤抖的城市，充满了浓浓的亲情、爱情和友情。

爸爸妈妈最牵挂的是自己的孩子。学校门口，已经聚集了不少的家长，当他们看见自己的孩子安然无恙，都拼命地向自己的孩子招手。

马小跳在人群中，看见了他的宝贝儿妈妈，他不顾一切地向她跑去，他们紧紧地拥抱在一起，宝贝儿妈妈泪流满面。刚才地震时，她正在一座十八层的高楼里，电梯关闭了，她从十八层往下跑，一只鞋什么时候跑丢了，她也不知道。此时此刻，她心里只有她最最亲爱的儿子马小跳，她要和他在一起。

宝贝儿妈妈赤着一只脚，一路狂奔，跑到马小跳的学校，她抓住围墙上的铁栅栏，踮着脚向学校里望，终于在操场的人群中看见了她的儿子马小跳，她泪如泉涌……

小英雄是不是 "小非洲"

通信断了，进山的路封了，山外的人进不去，山里的人出不来，马小跳奶奶家的那个村子，现在成了一座孤岛。救援的直升机整日盘旋在这座孤岛的上空，空投食物和药品。

一直没有马小跳的爷爷和奶奶的消息。三天四

夜，马天笑先生吃不下饭，睡不着觉，马小跳也是心事重重，愁眉苦脸。

"马小跳，你爷爷和奶奶凶多吉少啊！"唐飞的表情无比沉痛，"说不定已经都……"马小跳大怒："唐飞，你乌鸦嘴！"

"马小跳，我们是铁哥们儿，你的爷爷，就是我的爷爷；你的奶奶，就是我的奶奶。我的意思是，你要勇敢地面对现实，毕竟已经死了那么多人。"

唐飞说得情深意切，毛超已经眼泪汪汪："唉，好多年轻力壮的人都被埋在了废墟里，你爷爷奶奶年纪那么大了，哪里跑得出来？马小跳，你要节哀哦！"

张达不善言辞，他只能用肢体语言来安慰马小跳。他用他粗壮的胳膊紧紧地搂住马小跳，似乎怕马小跳倒下去。马小跳凡事都往好处想，对爷爷奶奶目前的处境，他有过种种的想象，几乎都是幸存的，没有遇难的。现在，他这几个铁哥们儿围着他东一句，西一句，说得像真的一样，他的喉咙仿佛有一根骨头卡着那样难受。

"空！空！空！"

马小跳放声大哭。平日里，大家看见的都是马小跳的笑，几乎没见过马小跳的哭，他的哭声像在咳嗽。如果不是在这悲伤的时刻，唐飞他们几个早就笑翻了。夏林果情不自禁伸出手来，在马小跳背上轻轻地拍着，连一向对马小跳凶神恶煞的路曼曼，也掏出一张纸巾来，递给马小跳擦眼泪。

想起每年暑假在奶奶家度过的快乐时光，想起从此以后，再也见不到亲爱的爷爷奶奶，见不到他的动物朋友——有理想的猪、爱管闲事的狗、痴情的大黑猫，还有会说话的鹩哥，马小跳一把鼻涕一把泪，哭得十分投入。

"哥们儿，别伤心了！"牛皮拍拍马小跳的肩膀，"上帝会保佑你的爷爷奶奶，还有那些动物朋友。"

毛超说："我们中国没有上帝。"

牛皮说："上帝无处不在，上帝是没有国籍的。"

毛超和牛皮正为上帝争论不休时，秦老师来了。刚才，已经有同学去向秦老师报告：马小跳哭了。

毛超停止与牛皮的争论，忙着给秦老师解释马小跳为什么哭："是唐飞说马小跳的爷爷奶奶凶多吉少，马小跳才哭的。"

唐飞马上为自己辩解："不是我一个人这么说，

他们都这么说。"

"唐飞说的'他们'，不包括我。"牛皮声明道，"我说上帝会保佑马小跳的爷爷奶奶。是不是，马小跳？"

马小跳一心一意地哭，哪有心思回答牛皮的问题。秦老师牵住马小跳的手："走，跟我到办公室去。"

到了办公室，马小跳虽然没有再哭得像咳嗽一样，发出"空空空"的哭声，但他的眼泪还是止不住地流。

秦老师叹了一口气，把马小跳搂在怀里，轻轻地拍着他的背，她只能用这样的方式安慰马小跳了，这时候，说什么话都是多余的。

秦老师属于那种暖水瓶型的老师，里边热，外面冷，她在心里很爱很爱她的学生，但是她从来不轻易表现出来，特别是像对待马小跳这样调皮的学生，秦老师总是以严厉的表情出现在他的面前。现在，秦老师温情的搂抱，让马小跳更是泪流不止，已分不清这是伤心的泪，还是感动的泪。

泪眼朦胧中，马小跳看见秦老师的办公桌上，摊放着一份报纸，报纸的头版是一个头上缠着绷带的男孩子的彩色头像，粗黑的标题是：

我是班长
——记小英雄马天宝

照片的背景是一片废墟，一眼就能看出这是一篇关于灾区的人物报道。这些天来，各种报纸从头版到最后一版，都是关于灾区的报道。

马小跳揉揉眼睛，把泪水从眼睛里挤出来，然后从秦老师的怀抱中挣脱出来，捧起那张报纸，仔细地看起来。

"我认识他。"马小跳指着报上的那个男孩，对秦老师说，"他叫'小非洲'，我奶奶村子里的。"

"可是——"秦老师指着报纸上那男孩的名字，"这报纸上没写他叫小非洲呀！"

马小跳说："因为他长得黑，村子里的人都叫他小非洲。"

秦老师问："你肯定是他吗？"

"不敢肯定。"马小跳说，"他头上缠着绷带，把

13

眼睛都遮住了。我记得小非洲的眼睛一只是单眼皮一只是双眼皮。"

秦老师戴上老花眼镜，将报纸举到亮光处，看了又看，没看出那男孩的眼睛一只是单眼皮一只是双眼皮。

秦老师问："你知道他叫什么名字吗？"

"不知道。"暑假的时候，马小跳和小非洲天天在一起，好玩的事情太多，哪有时间去问小非洲的名字，"我奶奶村子里的人都姓马，'马天宝'好像就是小非洲的大名。"

秦老师觉得马小跳的话太不靠谱，不能说一个村子的人都姓马，小非洲的大名就是马天宝。

"小非洲跟我爸爸是一个辈分，所以他的名字有一个'天'字；他又是他们家的宝贝，所以他名字里有一个'宝'字。"

马小跳的分析仍然不能让秦老师信服："在农村里，幺房出老辈的情况非常普遍。再说啦，现在的孩子，谁不是家里的宝贝呀？"

"看看报纸上有没有写他住哪家医院？"马小跳抓起报纸，在最末一段找到了，"哦，在省医院的儿童

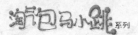

小英雄和芭蕾公主

病房。”

　　马小跳决定下午放学后就去省医院，直接去见见那个从废墟中救出两个同学的小英雄，便知道他是不是小非洲了。

16

小英雄就是"小非洲"

　　下午本来有三节课，秦老师特批马小跳可以不上第三节课，去省医院看看那个名叫马天宝的小英雄是不是他所认识的小非洲。秦老师还特批张达陪同马小跳一道去，张达有一双飞毛腿，有什么消息，也好通风报信。

小英雄和芭蕾公主

"你以为小英雄想见就能见吗?"毛超对马小跳说,"现在最需要的是语言沟通,张达话都说不清楚,如果人家不让你进去见小英雄,你怎么办?"

马小跳听出了毛超的言外之意,他在心里不得不承认,在他们几个当中,毛超的交际能力是最强的。马小跳请求秦老师,允许毛超也陪同他去医院,并且套用毛超的话,陈述了一大堆理由。没想到,秦老师根本不用听完,便爽快地答应了。

"马小跳,你以为有张达、毛超跟你去,就万事大吉了吗?"唐飞在办公室门口堵住了马小跳,"你现在身边最缺一个遇事临危不乱又能够为你拿主意的人,这个人嘛,除了我,还是我。"

马小跳听出了唐飞的言外之意,他在心里也不得不承认,在他们几个当中,唐飞见多识广,沉得住气,出的主意也不像毛超那样全是馊主意。关键时刻,还能动用他爸爸那像蜘蛛网一样的社会关系,无论多么麻烦的事情,基本上都搞得定。

马小跳转身又回到办公室,请求秦老师,允许唐飞陪同他去医院。

"去吧去吧!"秦老师爽快极了,"这是一个很难得的向小英雄学习的机会。"

难怪秦老师这一次一反常态，总是让马小跳称心如意，原来秦老师在给他们创造向小英雄学习的机会。

看他们四个都要去医院，牛皮也想去。秦老师当然会批准牛皮去，让这个国际小友人去见见我们中国的小英雄，也是为国争光嘛。但她实在不放心这几个调皮蛋，再说牛皮也要去，万一出点儿什么事，那可是国际影响啊！秦老师当机立断，决定派路曼曼去管着他们。她转念一想，马小跳他们几个都不服路曼曼管，却心甘情愿地听夏林果的，那么，就让夏林果和路曼曼跟他们一起去吧。

夏林果在头里走，路曼曼押后，五个男孩子走在两个女孩子的中间。毛超几次没话找话跟夏林果说，夏林果昂首挺胸，两眼平视前方，好像毛超这个人根本不存在。

到了医院，门口的两个保安放夏林果进去了，却把他们都拦住，不让他们进去。

"凭什么呀？"毛超指着夏林果，"我们跟她是一起的，凭什么让她进去，不让我们进去？"

19

俩保安看看已走远、连头都不回的夏林果，自己也纳闷：怎么就放她进去了？

"她是谁呀？"

"你们连她都不认识？"毛超夸张地摇着头，"不可思议，简直不可思议……"

俩保安你看我，我看你，交流了一个眼神，达成共识：那气质不凡的女孩肯定是有来头的，不要让这几个小子觉得他俩孤陋寡闻，还是让他们进去吧！

保安放他们进去了。毛超居功自傲："怎么样？遇到这种事情，没有我是不行的。"

"没有夏林果是不行的。"马小跳说，"是夏林果那种……把保安镇住了。"

马小跳想说是夏林果那种"高高在上"、"目中无人"的气势，但他一时想不起这两个词来。马小跳经常这样，"词到用时方恨少"。

小英雄马天宝住在重症病区的九层。马小跳一行人顺利地上了电梯，正想顺利地进入病房，不知从哪里又冒出俩保安来，横在他们面前不让他们进去，就是夏林果那种"高高在上"、"目中无人"的气势，也没把这俩保安镇住。

"我们找马天宝。"

"又是找马天宝的。"俩保安伸开两手，像赶一群鸭子一样赶着他们，"人家是小英雄，不是想见就能见的。"

毛超把马小跳推到俩保安跟前："知道他是谁吗？"

俩保安将马小跳从头看到脚，又从脚看到头，没看出什么特别来："谁知道他是谁呀！"唐飞将毛超推到一边，挺起肚子，双手叉腰，对俩保安发号施令："你们去告诉马天宝一声，就说马小跳来了。"

有一个保安问："马小跳是马天宝的什么人呀？"

毛超说："你们没有发现他们都姓马吗？"

俩保安都笑了："姓马的人多了，我们总不能把姓马的都放进去。"

"闲话少说！"唐飞的气度不凡，"你们去问问马天宝，问他认不认识马小跳？如果他说不认识，我们马上走人。"

一个保安去了病房，不到两分钟便回来了，向另一位保安点点头。

"哇塞！他认识我？"马小跳激动得跳起来高喊，

22

"他是小非洲！小英雄就是小非洲！"

"不得高声喧哗！"保安制止了马小跳，"正拍电视呢。"

"谁在拍电视？"

"还有谁？就你认识的那个小非洲。"

"我们进去看看。"

俩保安伸手拦住马小跳他们："不行！"

"怎么就不行呢？"毛超又把马小跳推到俩保安面前，"你们知道那小英雄跟他是什么关系吗？"

唐飞故弄玄虚地："那可不是一般的关系哦！"

俩保安还是不准他们进去。

"不就是拍电视吗？"唐飞大模大样地，"我们也办了一个电视台，听说过跳跳电视台吗？"

俩保安摇头。

"你们连跳跳电视台都没听说过？"毛超的表情夸张极了，听他的语气，仿佛跳跳电视台仅次于中央电视台似的，他指着夏林果，"她是跳跳电视台的主持人，我是副主持……"

"嚷什么？嚷什么呀？"

一个留着络腮胡子，一看就是电视台的人，从一

间病房里出来了。"就是他!"保安指着马小跳,"小天宝认识他……"

络腮胡子抬手制止保安往下说。他问马小跳:"你就是马小跳?"马小跳点头。

络腮胡子也在点头,他突然闪出一个灵感:"你想见小天宝吗?"

马小跳使劲地点头。

"你们在这里等着,听我口令:我喊一二三,你们再进来!"

络腮胡子说完这番话,转身进了病房。

孩子气和幽默感

　　络腮胡子进了他刚才出来的病房，足足等了七八分钟，才听见他的口令："一！二！三！"病房的门打开，马小跳带头走进去，一台摄像机正对着他。马小跳两眼盯着病床上那个头上缠满绷带、一只手和半截手臂已被截掉的男孩，这就是那个在暑假里和他形

影不离的小非洲吗？

"跳跳娃！"

他真的是小非洲！只有爷爷、奶奶和小非洲才叫马小跳"跳跳娃"。

马小跳扑了过去，他使劲地咽着，想忍住不让自己的眼泪流下来，喉咙都咽痛了，一句话也说不出来，只是紧紧地抱住小非洲。

"哎哟哟——跳跳娃，你轻点！"

马小跳用手去摸了一下小非洲那缠着白绷带的半截手臂："你的……"

"没事，跳跳娃！"小非洲反过来安慰马小跳，"右手没有了，我还有左手。"

毛超将他的右手伸到小非洲的跟前："从今以后，我们的右手就是你的右手。"

"你是毛超吧？"

"神啦！"毛超惊讶极了，他问小非洲，"你怎么知道我叫毛超？"

"我不光知道你，我还知道他们几个。"

小非洲不仅毫无差错地说出了唐飞和张达的名字，还指着夏林果，说她是跳芭蕾舞的；指着路曼

26

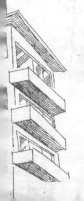

曼，说她是马小跳的同桌。指着牛皮，小非洲说不上来了："跳跳娃没向我说起过你，你是……"

马小跳忙说："那时，他还没来呢！"

小非洲问牛皮："你从哪儿来的？那地方很远吧？"

"我是从美国来的，我的中文名字叫牛皮。"

"牛皮？这个名字有点怪，但是我喜欢。"小非洲看着牛皮，"你的样子也长得有点怪，但是我也喜欢。"

牛皮说："我的样子长得并不怪，只不过头发比你们黄点，眼睛比你们绿点，鼻子比你们高点……"

"OK！停！"一直站在摄像机旁的络腮胡子叫摄像师关了机，走到小非洲的床边，"咱们能不能围绕着小英雄的英雄事迹来谈？"

"啊？"小非洲问，"刚才，你们一直在拍啊？"

"是啊，我们到这里来就是为了拍你呀！可是，你们刚才的话题扯得太远，主要的还一点没讲，比如你救人……"

"好，你随便问！"小非洲很老练，自从当了小英雄，他已经拍过好几次电视了，"你问什么，我答什

28

么。"

络腮胡子又灵机一动，他想让这几个孩子来替代主持人。

"好眼力！"毛超拍拍络腮胡子的肩膀，"你怎么就看出我们几个都干过电视?"

毛超的话让络腮胡子莫名其妙，他一点都没看出他们几个跟拍电视有什么关联。他只是觉得眼前这几个孩子特别有趣，孩子气十足，现在身上还带着孩子气的孩子已经非常少了，而小英雄马天宝首先吸引他的，也是他身上的那种天然的孩子气和与生俱来的幽默感。刚才主持人问的话都太中规中矩，络腮胡子怕马天宝身上的孩子气和幽默感出不来，他想要的效果是，看了这个节目的所有观众，都会不由自主地爱上马天宝，因为这个舍己救人的小英雄，他原本是十分可爱的孩子。

见络腮胡子没回答毛超的话，唐飞提示他："跳跳电视台，你总不能不知道吧?"

络腮胡子还真不知道。他是外地的一家电视台的导演，哪知道什么跳跳电视台。

"唉，又是一个连跳跳电视台都不知道的。"毛超

痛心疾首，"我不得不简单地介绍一下：马小跳，跳跳电视台的台长；唐飞，正摄像；张达，副摄像；夏林果，正主持人；副主持人，不好意思，就是本人。"

小非洲笑倒在床上。他的两颗大门牙的旁边，各长了一颗小飞牙。一笑起来，两颗小飞牙好像要从嘴里飞出去似的。

"哈，跳跳娃当台长！"

小非洲不知道摄像还有副的，他问副摄像师是干什么的。

毛超拍拍唐飞的肚子："瞧正摄像这体型，追拍的时候肯定吃不消的！这时候，需要跑得快的上，这就是副摄像要干的事。"

小非洲还不知道副主持人是干什么的。

毛超站在夏林果的身旁："看出来没有，有一点点差别，是不是？"

"岂止是一点点，那差别是相当的大。"

毛超经常被唐飞贬低，已习以为常。他接着自己的话往下说："就这么一点点差别，她能上镜，我就只能是画外音，这就是副主持人。"

"好啦！好啦！"照他们这样瞎聊下去，今天算白

30

忙乎了，络腮胡子对他们说，"今天，我让你们都上镜，由你们来采访小英雄。"

"你的意思是说，我们几个都是主持人?"

得到络腮胡子的肯定答复后，毛超赶紧去抢离小非洲最近的位置，马小跳却说那位置应该是夏林果的。

毛超问络腮胡子："上你的节目还分正主持和副主持啊?"

络腮胡子笑了，露出雪白的牙齿："你还真不能坐那里，因为你太容易把话题扯远了。"络腮胡子将离小非洲最近的两个最佳位置，一个给了夏林果，因为她主持节目有经验，能够控制话题；一个给了马小跳，因为他是小英雄最好的朋友，也是最了解小英雄的人，他的问题一定能出彩。

"记住——"络腮胡子再一次叮嘱他们，"我只要小天宝救人的经过，你们想怎么问就怎么问。"

"放心吧，这都是我们的长项。"马小跳向摄像师做了一个 OK 的手势，"可以开始了!"

孩子气和幽默感

我是班长

　　小非洲虽然是个山里的孩子，但他生性活泼开朗，爱说爱笑，这些日子，每天都有采访，他在镜头面前，从来没有紧张过。但是现在，他有点紧张，因为夏林果离他这么近，他从来没见过长得这么好看的女生，他眼睛不看夏林果，只看马小跳。

夏林果不愧是有经验的主持人，她一说话就让小非洲进入到最佳的自然状态。

夏林果："虽然我今天是第一次见到你，但我早就听马小跳说起过你，他总叫你小非洲……"

小非洲："哦，我们村子里的人都叫我小非洲。"

夏林果："能给我们讲讲，他们为什么都叫你小非洲吗？"

"因为我的皮肤特别特别黑，牙齿又特别特别白，嘴唇特别厚，村子里的人都说我长得像非洲黑人，所以都叫我小非洲。"小非洲话题一转，转到马小跳身上，"我也不叫他马小跳，我叫他跳跳娃。其实，跳跳娃该叫我幺叔。"

"不会吧？"牛皮搞不懂了，"你比马小跳还小，你应该叫他一声哥。"

小非洲："我们那里幺房出老辈，我叫马天宝，他爸爸叫马天笑，都是天字辈的，我叫他爸爸哥，所以马小跳该叫我叔。"

唐飞他们几个最想知道马小跳叫过小非洲幺叔没有。

小非洲说没有。这让唐飞他们几个非常失望，如

果能亲耳听见马小跳叫小非洲一声幺叔，那肯定很好玩。

小非洲："虽然我是跳跳娃的幺叔，但我最崇拜的人还是跳跳娃……"

"你怎么能崇拜马小跳呢?"毛超忍不住打断小非洲，"你是小英雄，马小跳应该崇拜你。"

小非洲："那时候，如果跳跳娃也在我们教室里，他也会像我那么做的。还有你们，都会像我那么做，都可以当小英雄的。"

小非洲突然不说话了。

马小跳："小非洲，你怎么啦?"

小非洲小声地："我们班一共有三十一人，活下来的只有十人，老师也……"

马小跳："这活下来的十个同学中，就有两个是小非洲救出来的。"

小非洲："是郑老师救了他们。地震的时候，郑老师正在给我们上语文课，她离教室的门最近，完全可以在房子倒塌下来之前跑出去的，可是她用手撑着教室已经变形的门框，让我们先跑。我刚跑出去，房子轰的一声就倒了，郑老师和我们班的二十三个同学

34

都还在里面。"

夏林果："你觉得害怕吗?"

小非洲："那种时候,已经不知道害怕,就想冲进去把老师和同学都救出来。我冲进去找到了郑老师,有几块预制板压在她的身上,她一手抱着牛壮壮,一手抱着田小燕。郑老师还活着。我去拉她,她对我说:快救田小燕。我把田小燕从她身下拉出来,背着她跑了出来,把她交给正在那里指挥的校长。然后,我又跑了进去,我还是想把郑老师救出来。可是,郑老师一定要我先救牛壮壮。我又从郑老师身下把牛壮壮拉出来,背着他跑了出来。我再一次冲进去的时候,房子又摇晃起来,我刚跑到郑老师的身边,又有一块预制板掉下来,砸在我的身上,我就什么都不知道了。"

牛皮："后来呢?"

"我醒过来的时候已经在医院里了,头上的皮被掀掉一大块,一只手也没有了,我都没有哭。可是,他们告诉我郑老师和班上二十一个同学都……我就哭了,一直哭,哭累了睡一会儿,睡觉时也在哭……"

唐飞："你都从教室里跑出来了,又跑进去两

次，你是怎么想的?"

小非洲："什么都没想，我是班长!"

毛超："我们来想象一下，如果你不再跑进去，或者你跑进去一次，不再跑进去第二次，那么，你头上的皮也不会失去一大块，你的手也不会……"

"哪能这么想象?"小非洲打断毛超的话，"我是班长，我必须这么做!"

牛皮："给我们讲讲，你是怎么当班长的?"

"我也当不好!"小非洲嘿嘿一笑，"有一次，有几个男同学拿毛毛虫来吓班上的女同学，我就去管他们，他们不听，我就和他们打起来，他们三个人打我一个人……"

牛皮："哇，一人对付三个人，你太酷了!你打赢了吗?"

夏林果却为小非洲担心："他们打疼你没有?"

小非洲："没有，他们也不会真打我。"

班长怎么能跟同学打架?路曼曼觉得小非洲班长当得太不靠谱，她必须把"打架"这个话题转移开："马天宝同学，当了小英雄，你今后有什么打算吗?"

路曼曼一开口，小非洲就觉得这个女生说话的语

气跟其他人都不一样，他们都跟着马小跳叫他小非洲，而她却称呼他马天宝同学。毛超忙给他介绍路曼曼："她是我们班的中队长，也就是班长，级别跟你一样。"

小非洲："哦，你问我今后有什么打算啊？我要做的事情太多了：先养好伤，多吃饭，让头上那块掉了头皮的地方快点长出头发来。"

牛皮："啊？多吃饭头发就能长出来吗？"

小非洲："那当然！你看那些荒地，只要有水、有肥料，就能长出草来。我现在没有右手了，必须练习用左手写字，左手吃饭；我最大的愿望还是想上学，可是，我们的学校不在了……"

马小跳："你可以上我们的学校！"

夏林果："你还可以到我们班上来！"

"OK！"络腮胡子眉开眼笑，向几个孩子竖起了大拇指，"非常棒！"

络腮胡子想要的就是这样的效果，让这几个孩子来陪衬小英雄身上的孩子气，他不仅勇敢，还很可爱，这样的小英雄不仅仅令人敬佩，还惹人怜爱。

络腮胡子带着他的摄制组，满意地离开了病房。护士长说小天宝该休息了，言外之意是在给马小跳他们下逐客令。

"护士阿姨，求求您让他们再陪我一会儿吧！"

"好吧！"护士长对小非洲说，"就十分钟。"

只有十分钟的时间，可马小跳有好多问题要问小非洲。

"小非洲，你知道我爷爷奶奶在哪儿吗？"

"不知道。"小非洲说，"我的爸爸妈妈到现在还没找到呢。"

马小跳又问："我奶奶家的房子还在吗？"

"不在了。"小非洲说，"村子里所有的房子都不在了。"

"我奶奶家的猪、狗、猫，还有鹩哥，它们呢？"

"它们都跑到山上去了。"

马小跳问小非洲："你怎么知道的？"

"猜想的呗。"小非洲说，"你想想，猪、狗、猫都有四条腿，比人还多两条腿呢，当然比人跑得快；鹩哥有翅膀，它们一定还活着。"

十分钟很快就到了，马小跳他们必须要走了，他

们都舍不得小非洲，眼里都含着泪。倒是小非洲笑眯眯地："你们可以天天来看我嘛。说不定哪天我把伤养好了，就到你们班上去，跟你们做同学！"

芭蕾公主

　　小英雄马天宝想到马小跳他们班来上学的事，经过毛超添油加醋一渲染，很快传到秦老师那里，从秦老师那里又很快传到欧阳校长那里。欧阳校长和秦老师十分高兴。小英雄愿意到他们学校来读书，是学校的荣耀。她们一道去医院看望了小英雄马天宝，只

等着小英雄在医院里养好伤，就可以把他接到他们学校上课了。

这期间，马小跳他们已经把小非洲当成他们的同班同学了，他们每天下午放学后都到医院去陪伴小非洲，夏林果和路曼曼也经常去。

夏林果发现，每次她去小非洲的病房时，对面病房的一个女孩总盯着她看。

"她也是跳芭蕾舞的。"小非洲悄悄告诉夏林果，"现在，她的一条腿没有了，跟我的这只手一样，截掉了。"

跳芭蕾舞的失去了一条腿，夏林果心里比谁都清楚，这意味着什么，她为这个女孩感到难过。

"她叫什么名字？我过去看看她。"

小非洲却对夏林果说："你别去！她不会理你的。"

"为什么？"

"她谁都不理。"

"唉！"毛超在一旁感叹，"性格问题。"

"以前，她的性格不是这样的。"小非洲说，"她被埋在废墟里差不多七十个小时，才被救出来，为了

42

不让自己睡着，她一直在唱歌。"

路曼曼想起来了："她莫非就是报纸上写的那个'废墟上的百灵鸟'?"

"正是她!"小非洲说，"可是自从她的一条腿被截掉后，她就再也不唱歌、不说话了。"

夏林果再扭头看那女孩，和女孩的目光碰在一起。她情不自禁地向对面的病房走去。

站在女孩的病床前，尽管有薄薄的白被子盖在女孩的身上，夏林果以跳芭蕾的专业眼光，隐隐约约能看出女孩的左腿从膝盖以下便没有了，而白被子裹着的右腿，修长笔直;再看她的脖子和两条手臂，细长细长的。即便是躺在病床上，夏林果也能想象出她背部的优雅线条。这样的身体条件，天生就是跳芭蕾舞的料!

女孩的眼睛会说话。她一句话不说，夏林果也能从她的眼睛里，读懂她的哀伤、她的梦想。她们没有一点陌生感，仿佛已经认识很久很久。

夏林果坐在女孩病床边，女孩正在输液，她的手指细长柔软，白皙透明的皮肤下，能清晰地看见蓝色的血管。

"你也是跳芭蕾舞的?"

女孩终于开口说话了,这是她截肢以后开口说的第一句话!

夏林果轻轻地握住女孩没有输液的那只手:"你怎么知道的?"

"我一眼就看出来了。"女孩说,"你的腿,你的脖子,你的背,还有你走路的姿势,我以前走路也是你那样的……"

女孩眼里的光暗淡下去,她垂下眼帘,长长的睫毛在微微颤抖。

夏林果问女孩:"你还想跳芭蕾舞吗?"

女孩点头,睫毛尖上两颗亮晶晶的泪珠儿掉了下来。

"你学了几年芭蕾?"

"两年。你呢?"

"五年。"夏林果说,"我会跳《胡桃夹子》,会跳《天鹅之死》,你会跳什么?"

女孩说:"我只会跳《四只小天鹅》。"

"你想跟我学吗?"

"想,可是,我的腿……"

44

"你还有手啊!"夏林果想起平时上芭蕾课,老师经常说的话,"很多人以为跳芭蕾舞就是用足尖立在地上跳,他们不知道,其实在芭蕾舞中,手比脚更富有表现力,还有颈部、肩部和背部,都能体现芭蕾舞的美感。你看……"

夏林果坐在椅子上,用一个枕头压在她双腿上,她挺直了背,双肩下沉,颈部的线条是那么优美。她抬起手臂,舒缓地做波浪形的舞动。

"啊!"女孩羡慕地,"真美!"

"你也可以的。"夏林果问女孩,"怎么样,你想试试吗?"

正好这时,输液瓶里的药水快输完了,夏林果摁响床头的铃唤来护士,护士从女孩的手背上拔下了输液的针头。

夏林果把女孩背后的两个枕头拿开,又把女孩披散的长发在她的脑后绾了个髻,女孩顿时精神多了。她挺直了背,双肩下沉,两只手臂缓缓地抬起来。

"我们先来手位的组合练习。"夏林果一边作示范,一边喊口令,"一嗒嗒,二嗒嗒,三嗒嗒……"

随着夏林果的口令,女孩认真地做着每一个手位

芭蕾公主

的动作，她的脸上带着沉醉的微笑，仿佛又回到了明亮宽敞的、墙上有大镜子、有扶杆的排练厅。

这时，对面病房的人都跑过来了，连小非洲也从病床上下来，被马小跳和张达一边一个架着过来看热闹了。

"好！"唐飞把两只巴掌都拍红了，"相当的好，不是一般化的好！"

这么闹，女孩不得不停下来，问夏林果："他们是……"

夏林果说："我们班的男生。"

"啧啧啧！不可思议，简直不可思议！"毛超两眼盯着女孩直晃脑袋，"原来我以为只有夏林果的芭蕾舞跳得好，没想到还有跟夏林果跳得一样好的。"

女孩不相信毛超的话：她才学了两年，人家夏林果学了五年，怎么可能跟夏林果跳得一样好呢？

路曼曼说："你才学了两年就这样，如果像夏林果那样学五年，肯定比夏林果还跳得好！"

夏林果顺着路曼曼的话说："以前，他们都叫我'芭蕾公主'，从今以后，我把这称号送给你了。"

特大喜讯

马小跳从医院回到家里，发现家里的气氛有些异常，自从地震以来的那种焦虑、悲伤已荡然无存。宝贝儿妈妈在厨房里做饭，做了马小跳最爱吃的藕饼。要知道，这可是做起来十分麻烦的一道菜，要把鲜肉馅一点一点地夹进两片藕里，蘸了生粉和鸡蛋清，放进油锅里炸成金黄。平日里，宝贝儿妈妈也只是在马小跳的生日，或者马小跳的表现让宝贝儿妈妈特别满意的时候，才做给他吃。

今天，显然不是马小跳的生日，马小跳也没做什么让宝贝儿妈妈特别满意的事情啊！

马小跳抓起一块炸好的藕饼放进嘴里，含糊其辞地："宝贝儿妈妈，今天是什么日子啊？"

"今天是大喜的日子。"地震以来，明媚的笑容第一次回到宝贝儿妈妈的脸上，"你爷爷找到了！"

"真的？"马小跳想到过了这么多天了，找到的会不会是……他小心地问道，"我爷爷还活着？"

"当然还活着。不然的话，我会做藕饼给你吃吗？"

真是这样。前些日子，爷爷和奶奶杳无音信，宝贝儿妈妈无心做饭，马小跳每天不是吃方便面，就是吃蛋炒饭。

"我爷爷是怎么找到的？他现在在哪儿？这么多天了，他是靠什么活下来的……"

马小跳的问题一连串，宝贝儿妈妈只知道爷爷目前在县医院里抢救，下午，省医院已派出一辆救护

车，要把爷爷接到省医院来治疗。

"你爸爸也去了，他让我俩在家里等他的电话。"

宝贝儿妈妈让马小跳一边吃藕饼，一边等马天笑先生的电话。马小跳哪有心思吃藕饼，他守在电话机旁，等了一会儿没等到电话响，他心中的喜悦，已等不及要找人来分享。

马小跳拨通了唐飞家的电话："唐飞，我告诉你一个特大喜讯……"

没等马小跳说完，唐飞在电话那头说了一句"热烈祝贺"，便把电话挂了。他正在吃饭，吃饭的时候，唐飞很在乎"一鼓作气"，用他的话来说，就是"一顿饭不能吃散了"，意思是吃饭中被什么耽搁一下，这顿饭等于没吃。

马小跳才不管唐飞的这些讲究呢！他一定要向唐飞表达出他的喜悦。他再一次拨通了唐飞家的电话。

不用问，唐飞拿起话筒就知道是马小跳："马小跳，我不是已经向你热烈祝贺了吗？"

马小跳："你什么都不知道，就在那里瞎祝贺。"

"我怎么不知道？不是咱爷爷找到了，就是咱奶奶找到了，最好是咱爷爷咱奶奶都找到了。"

唐飞从不拿自己当外人，马小跳是他的好朋友，马小跳的爷爷和奶奶，到了他的嘴里，就成了"咱爷爷"和"咱奶奶"。

马小跳问："你怎么知道的？"

"前几天，你哭什么呀？不就是哭这些事吗？"唐飞又急着挂电话，"马小跳，我不跟你多说了，我哪天抽时间去会会咱爷爷。"

唐飞啪地挂了电话。

马小跳意犹未尽，又给毛超家打电话。毛超也正在吃晚饭，可他跟唐飞恰好相反，他最喜欢在他吃饭时，有人给他打电话，因为他妈妈老逼他吃这吃那，用他的话来说，"那哪叫吃饭，简直就是在受刑"。

毛超的妈妈最不喜欢有人在吃饭的时候找毛超。接到马小跳的电话，她捂住话筒告诫毛超："记住，不能超过三分钟。"

马小跳："毛超，我告诉你一个特大喜讯。"

毛超："你先别讲，让我猜一猜……"

马小跳最怕毛超猜，他一猜九不中。

"别猜了，是我爷爷找到了！"

"哦，找到了？"毛超迟疑地，"都过去那么多天

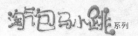

了，找到的是活的，还是……"

马小跳心里不爽："不是活的还能叫特大喜讯吗？"

"如果你奶奶也找到了，那才是名副其实的特大喜讯。"

毛超的话，多少有些让马小跳扫兴，他挂掉了电话。

接下来，马小跳拨通了张达家的电话。听张达讲话是一件很累的事情，马小跳直截了当把"特大喜讯"告诉他，便挂断了电话。

如今，牛皮也是马小跳形影不离的铁哥们儿，牛皮形容他和马小跳的关系，用一个中国成语来形容，那叫"固若金汤"，所以，当马小跳将"特大喜讯"告诉他时，牛皮在电话那边欢呼："好兆头！这叫抛砖引玉！"

牛皮的中国话说得还算顺溜，不知是受了丁文涛的影响，还是他故意显摆他的中文水平，老喜欢用成语。人家用成语，是把事情说得更加明白，他用成语，让人越听越糊涂。

"抛砖引玉？"马小跳一头雾水，"牛皮，这个成语，你又用错了吧？"

"没错，用得恰到好处。"牛皮十分自信，"这个意思嘛，就是先找到爷爷，再把奶奶引出来。"

马小跳哭笑不得："你的意思是我爷爷是砖，我奶奶是玉？"

这也太牵强了。不过，人家一个外国人，能把一番好意这么曲折地表达出来，不管"抛砖引玉"这个成语用得对不对，牛皮的好意，马小跳还是心领了。

电话打了好几个，其实在马小跳的心里，最想打的那个电话，是打给夏林果的。在马小跳忧伤的日子里，夏林果一直是最关心他的人。刚才，第一个电话，马小跳就想打到夏林果家去，但拨电话时，又拨到了别人家。这就像吃一串葡萄，有的人总是喜欢把最大最甜的那颗留到最后才吃。马小跳就是属于这样的人。给唐飞他们几个打电话都不会有甜蜜的感觉，只有给夏林果打电话，才会有甜蜜的感觉。马小跳要把这种甜蜜的感觉，留到最后。

马小跳刚拨通夏林果家的电话，宝贝儿妈妈从厨房里出来："马小跳，你老占着电话，难怪你爸爸的

特大喜讯

电话打不进来!"

马小跳赶紧放下电话,电话铃便响了——是马天笑先生从医院里打来的。

特大喜讯

两个鹅蛋救了命

　　马小跳的爷爷被埋在废墟里整整九天九夜还活着的消息，被媒体一报道，马爷爷便成了新闻人物，马小跳也成了新闻人物，无论他走到哪里，都有人对他指指点点："他爷爷就是那个被埋了九天九夜……"

　　马小跳的爷爷是怎么活下来的，还是一个谜。昨晚，救护车将马爷爷送到了省医院，马天笑先生给家里打来电话时，马爷爷还在昏迷中。直到今天早晨，马天笑先生又从医院打电话回来，说马爷爷终于从昏迷中醒过来了。

下午放学，马小跳带着他的一帮哥们儿直奔省医院。这些天来，他们几乎天天都去省医院，因为小非洲和芭蕾公主都住在省医院的儿童病房。

马爷爷住在省医院的重症病房。按常规，要进入重症病房，得通过层层关卡，但马小跳以马爷爷亲孙子的身份，带着一行人一路畅通无阻地来到了马爷爷的病房。

已经有两三家电视台和报纸的记者守候在那里了，但他们正准备离开，因为马爷爷虽然从昏迷中苏醒过来，也能断断续续地说出话来，但他什么都不记得了。当记者们知道马小跳是马爷爷的亲孙子时，就像猎人发现了猎物一样兴奋，他们马上将马小跳推到马爷爷的跟前，镜头对准了马爷爷，话筒也伸到了马爷爷的嘴边。

"大爷，您认识这个小男孩吗？"

马爷爷看着马小跳："你是哪家的娃儿？天不早

两个鹅蛋救了命

57

了，早点回家，啊?"

"爷爷，您怎么连我都不认识了?"马小跳抓住马爷爷的手直摇，"我是您的亲孙子跳跳娃啊!"

马爷爷一脸茫然，好像从来就不认识马小跳似的。

有女记者问马小跳："你真的是这位大爷的亲孙子吗?"

"千真万确。"毛超抢着帮马小跳回答，"你没看出来，他们俩长得一模一样吗?"

那女记者看看马小跳，又看看马爷爷，觉得一点都不像。病床上的马爷爷胡子拉碴，两眼无神，脸颊深深地凹下去。其实，如果马爷爷没有经历这九天九夜，只一眼，就能看出马小跳是他的孙子。

记者问马小跳："你知道你爷爷是在什么地方被找到的吗?"

"我爷爷奶奶家的房子全塌了，爷爷被埋在里面，奶奶失踪了。听我爸爸说，救援队的武警叔叔在废墟里找到我爷爷时，他的身边躺着一只鹅，那只鹅已经死了……"

马小跳哽咽着说不下去。他的喉咙里发出"空空空"的声音，那些记者以为他在咳嗽，但唐飞、夏林果他们都知道，马小跳极度难过时，喉咙里就会发出这种声音。

记者们面面相觑，他们不明白，死了一只鹅，马小跳怎么会如此伤心。

毛超问马小跳："是那只看门的大白鹅吗？"

马小跳含泪点头。

记者们更搞不懂了：通常都是狗看门，从没听说过鹅看门。

毛超代马小跳回答记者的疑问："马小跳奶奶家的狗不干正经事，只爱管闲事，所以看门这样的正经事就只能由鹅来干了。"

正说着，马天笑先生抱着一只白色的绒毛玩具鹅来了，那个绒毛鹅几乎跟真鹅一般大。

马天笑先生将绒毛鹅放在马爷爷的怀里，马爷爷紧紧抱住绒毛鹅，顿时老泪纵横。

"鹅啊……救命的鹅啊……"

这只做工逼真的绒毛玩具鹅是马天笑先生设计的，模特儿恰好便是那只死去的看门的大白鹅。

绒毛玩具鹅唤醒了马爷爷的记忆。

马爷爷讲道：地震前夕，家里十分反常，鸡犬不宁的，大黄狗不停地叫，到处乱窜，他正准备把大黄狗拴在柱子上，只听轰的一声巨响，霎时间，地动山摇，只见对面的一座青山垮下一半来，头上的房梁也横七竖八地掉了下来，砸在他身上。马小跳的奶奶要把压在他身上的房梁搬开，大黄狗也咬住他的裤脚，使劲往外拖。马爷爷知道他身上多处受伤，已不能动弹，想跑也跑不出去。而这时，余震不断，他让奶奶快跑，可奶奶坚决不肯。爷爷急中生智，将套在大黄狗脖子上的绳子绑在奶奶的手腕上，使出全身力气在大黄狗的屁股上拍一巴掌，大黄狗拖着奶奶刚跑出去，整个房子顷刻间成为一片废墟。

"是大白鹅的叫声把我唤醒的。"马爷爷说，"我睁开眼睛，要不是看见我熟悉的大白鹅，我还以为到了另外一个世界。唉，真是一场噩梦啊！"

马爷爷的身子被埋在废墟里，只有头露在外面。整整三天三夜，他滴水未进，已经奄奄一息。而就在这生死关头，大白鹅下了一个蛋，它用嘴敲开蛋壳，把里面的蛋液，一点一点地喂进马爷爷的嘴里，它自己却一点都不吃。

就这样，一个鹅蛋吃了三天，连蛋壳都吃了。大白鹅都饿得站不起来了，却又生了一个蛋。这个蛋让马爷爷的生命又维持了三天。

大白鹅死了。全身不能动弹的马爷爷，是眼睁睁地看着大白鹅断气的，眼睁睁地看着它的身体一点一点地变得僵硬，眼睁睁地看着大白鹅的羽毛失去光泽。

听了马爷爷的讲述，在场所有的人都流下了感动的泪水。马小跳从来没见过他爸爸哭，这时，马天笑先生也泣不成声。

"天笑，跳跳娃，你们要牢牢地记住，是大白鹅救了我的命。"

"是，爸爸。"马天笑先生连连点头，"等建新房时，我一定给这只有情有义的大白鹅塑一座雕像，立在我们家的大门口。"

马小跳说："还要立一个碑，上面写着：亲爱的大白鹅，我们永远怀念你！"

唐飞说："我们去给大白鹅鞠躬。"

毛超说："我们去给大白鹅献花圈。"

牛皮说："我会天天为大白鹅祈祷：愿它的翅膀变做天使的翅膀，飞到天堂去。"

奶奶和大黄狗

马小跳家真是好事连连。又有喜讯传来：马小跳的奶奶也找到了！

唐飞问马小跳："咱奶奶住哪家医院？"

"唐飞，你乌鸦嘴！"马小跳对唐飞极其不满，"我奶奶毫发未伤，干吗要住医院？"

"奇迹！巨大的奇迹！"牛皮惊叹不已，"那么巨大的地震，你奶奶那么巨大的年纪，居然……对不起，那个词是什么意思？"

"你是说'毫发未伤'这个词吗？OK，我来给你解释。"毛超最乐意做这种事，"这是一个形容词，形容马小跳的奶奶的身体完好无损。"

"不仅如此，我奶奶还救了二十一个受伤的人的命。你们有没有看报纸？报纸上把我奶奶和大黄狗的照片都登出来了。"

路曼曼怀疑马小跳在吹牛："难道你奶奶也跟小非洲一样，成了英雄的奶奶？"

"不仅如此，"马小跳眉飞色舞，"我奶奶家的大黄狗也成了英雄的狗！"

马小跳奶奶家的大黄狗，在马小跳班上几乎就是一条明星狗，它那些爱管闲事的趣闻在班上广为流传。所以，现在听马小跳说这条不干正经事、爱管闲事的大黄狗也成了英雄狗，都是半信半疑。

上课铃响了，许多同学还围在马小跳的座位旁不肯离去，要听他讲大黄狗的故事，连秦老师进了教室，他们也没感觉到。

秦老师皱着眉头，她的直觉就是马小跳又出状况了。秦老师把询问的目光投向她的小帮手路曼曼，路曼曼马上到秦老师的跟前去，将事情的来龙去脉讲了一遍。

报纸上的那篇关于救人的老奶奶和一条大黄狗的报道，秦老师也看到了，那老奶奶是不是马小跳的奶奶，既然大家心里都揣着这么一个悬念，肯定也没心思好好听课。秦老师希望这位英雄的老奶奶就是马小跳的奶奶，这不仅仅是马小跳的光荣，也是班级的光荣，学校的光荣。

秦老师站在讲台上，紧皱的眉头舒展开来，满脸都是慈祥的笑容："同学们，有一位英雄的老奶奶，她一个人救了二十一个人的生命，这位英雄的老奶奶，就是我们班上的马小跳同学的奶奶！现在，让我们用最热烈的掌声，欢迎马小跳同学上台来，给我们讲讲他奶奶的英雄事迹！"

教室里响起了雷鸣般的掌声。这太突然了！马小跳受宠若惊，手足无措。

"快上去呀！"

路曼曼推了马小跳一把，把马小跳推了上去。

马小跳站在讲台上，傻乎乎地笑，不知从何讲起。

"我奶奶今年七十二岁了，她……今年七十二岁了……"

毛超在下面干着急。他朝马小跳挤眉弄眼，马小跳没看见。毛超也顾不了那么多了，开口提醒他："马小跳，你奶奶七十二岁，你都说了两遍了。"

秦老师用严厉的眼神警告毛超闭嘴。毛超赶紧说："秦老师，请允许我启发一下马小跳。"

得到秦老师的默许，毛超启发道："马小跳，你就从你爷爷把套在大黄狗脖子上的绳子绑在你奶奶的手腕上讲起。"

"哦！"毛超的启发，让马小跳茅塞顿开，语言一下子也流畅了，绘声绘色地讲地震时的情景，讲他爷爷受伤了，怕拖累他奶奶，将套在大黄狗脖子上的绳子绑在他奶奶的手腕上，一巴掌拍在大黄狗的屁股上，"阿黄快跑！跑得越远越好！

"大黄狗拖着奶奶来到远离村子的一个空旷的地带，晚上下起了大雨，奶奶在三棵树之间搭起了一座草棚。这天晚上，她和大黄狗在草棚里度过了血雨腥风的一夜。

"第二天，奶奶想回到村子里去找爷爷。可是，大地震让周围的一切都变了样，原来的两座山变成了一座山，奶奶家的村庄本来在一个风景非常非常美的山沟里……"

毛超管不住自己的嘴，又插了一句："就是黄龙沟。"

"哇，黄龙沟!"

黄龙沟是个风景如画的旅游胜地，所以同学们都知道。

"地震过后，山沟消失了，奶奶家的村庄也消失了，大黄狗带着奶奶找到有大片房子倒塌的废墟，也不知是哪个村子的废墟，大黄狗汪汪地叫起来，它在告诉奶奶，废墟下还有活着的人。"

教室里鸦雀无声，同学们都听入迷了，马小跳的讲述也渐入佳境。

"大黄狗开始在废墟里搜寻，搜寻到几个还活着但已奄奄一息的人。奶奶找来一辆推车，将那些奄奄一息的人运到一个安全的地方集中起来。第一天，他们找到六个受伤的人，废墟里有许多坛坛罐罐，大黄狗从这些坛坛罐罐里找到一些粮食，奶奶又找到一口

大锅，她用这口大锅熬粥，那六个奄奄一息的人喝了奶奶熬的粥，活了下来。

"第二天，奶奶和大黄狗又找到了九个人，她把他们从废墟里拖出来，与昨天救出来的六个人集中在一起，除了用那口大锅给他们熬粥喝，还采了治伤的草药，熬给他们喝。

"在以后的几天里，奶奶和大黄狗从废墟里，一共救出二十一个人，她都七十二岁了，可她像一个铁人一样，不知疲倦地照顾着这二十一个人。这么多天了，没吃过一顿饱饭，没睡过一个饱觉……"

有同学问："什么叫饱觉呀？"

"这都不懂？"毛超帮马小跳回答，"睡到自然醒的觉，就叫饱觉。"

有同学又问："你奶奶就没再去找你的爷爷？"

"我奶奶也想去找我的爷爷……"

"那二十一个人怎么办呢？"毛超管不住自己的嘴，打断了马小跳，"难道马小跳的奶奶为了找马小跳的爷爷，能扔下这二十一个受伤的人不管吗？"

马小跳忙说："当然不能。如果我奶奶这么做了，我爷爷也不会答应的。"

"这是一种多么高尚的情怀啊!"站在马小跳身边的秦老师,不失时机地点评了一句,"马小跳,你接着往下讲!"

马小跳挠挠后脑勺,他又不知从何讲起了。

这一次,是牛皮启发了马小跳:"你奶奶和那二十一个人是怎么被发现的?"

"哦!"马小跳又一次茅塞顿开,"因为山封了,路断了,我奶奶和那二十一个人简直就像在一个孤岛上,直升机每天都在上空搜寻,就是发现不了他们。后来,奶奶想出一个办法,她从废墟里找来一些色彩鲜艳的衣服,绑在大黄狗的身上,让它到处奔跑。这一招还真灵,搜寻的直升机终于发现了目标,将奶奶和那二十一个人救了出去。"

有几个同学异口同声地问:"大黄狗呢?"

"大黄狗当然也被救出去了,它一直和我奶奶在一起。"马小跳说,"我奶奶说,没有大黄狗,她早就没命了。如果我奶奶没命了,她也救不了那二十一个人,所以……"

不等马小跳把后面的话说出来,早有几个性急的同学脱口而出——大黄狗也是英雄!

70

像轮船一样的双层床

马小跳的爷爷在医院里经过一段时间的治疗，康复得很快。本来，马天笑先生想把爷爷接到家里来住，可爷爷想奶奶，说他恨不得插上翅膀，马上飞到奶奶身边去。

"老太婆了不起啊！"现在，奶奶就是爷爷的骄

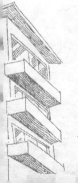

傲，"七十二岁了，还救了二十一个人，我自愧不如啊！"

"爷爷，您更了不起！"马小跳说，"如果不是您把套在大黄狗脖子上的绳子绑在奶奶的手腕上，奶奶也跑不出去，如果奶奶跑不出去，就不可能救那么多人。"

"有道理！有道理！还有大黄狗，我以前怎么就没看出它有这么大的能耐呢？"现在，大黄狗也是爷爷的骄傲，"以前，我就讨厌大黄狗老管闲事，不干正经事。嘿，这一次干的事情，真漂亮！"

爷爷一刻也不愿在城里多留，他说经过这次大灾难，他更加珍惜和奶奶在一起的日子，他们的年纪都大了，在一起是过一天少一天，他分分秒秒都不想跟奶奶分离。

临走前，爷爷将马天笑先生叫到身边："儿啊，小非洲的妈妈已经没了，他爸爸至今下落不明，孩子上学不能耽误，你把小非洲接到家来住吧！"

"爸，我早就有这样的打算。"马天笑先生说，"等小非洲出院后，我就把他接到家里来。"

"儿啊，你要答应我——"爷爷抓住马天笑先生的双手，两眼泪光闪闪，"按辈分呢，你是小非洲的哥，小非洲是你的弟，但我还是希望你待小非洲跟自己的亲生儿子一样。这没妈的孩子，可怜啊！"

"爸，您放心吧！"马天笑先生向马爷爷保证，"我们一定会把小非洲当做我们的亲生儿子，马小跳也会把小非洲当做他的亲兄弟。"

马小跳的爷爷放心地走了，他要回家，虽然他和奶奶家的房子已经被大地震彻底摧毁了，但爷爷说，只要跟奶奶在一起，哪里有奶奶，哪里就有他的家。

小非洲要住进马小跳的家，对马小跳来说简直就是一件天大的事情，他不可能不告诉他那几个铁哥们儿。当然啦，马小跳还会转弯抹角地告诉夏林果。

将小非洲接到马小跳家的那一天，正好是周末，唐飞他们都说要到马小跳家去给小非洲接风，马小跳说："去可以，但都不许在小非洲面前提他妈妈。"

牛皮问："为什么？"

"他妈妈已经不在了。"马小跳又强调了一句，"最好也不要提他爸爸。"

牛皮又问："为什么？"

"他爸爸至今下落不明。"马小跳特别警告毛超，

73

"你话最多，别说漏了。"

"马小跳，你还是不了解我，我毛超的特长，就爱说让别人高兴的话，我……"

毛超要夸起自己来，那才叫没完没了。唐飞赶紧转移话题："马小跳，小非洲还没吃过杜真子做的土豆沙拉，是不是?"

唐飞这是别有用心，马小跳心知肚明："小非洲没吃过的东西多着呢! 像我妈妈做的藕饼，小非洲还没吃过呢!"

张达也特别爱吃杜真子做的土豆沙拉，从不参与唇枪舌剑的他，这次也掺和进来了："那……不……一样……"

"再说啦——"唐飞的理由一大堆，"杜真子是你的亲表妹，她还不知道你还有小非洲这么一个幺叔，你的幺叔就是杜真子的幺叔，怎么着都应该让杜真子来见见这个幺叔，做一顿土豆沙拉给幺叔吃。"

"有道理!"牛皮坚决站在唐飞一边，"于情于理，马小跳都应该让杜真子来。"

牛皮嘴上是这么说的，心里想的却是土豆沙拉。

这一次，所有的人都站在了唐飞一边。孤立的马小跳只好退一步："好吧，那就让杜真子来吧！不过只有她一个女生……"

张达急了："……夏林果……"

只言片语是张达说话的风格，不过他们几个都能听明白。马小跳听得更明白，张达说出了他心里想要说的话。

"马小跳，夏林果不会单独到你们家的，有一个人一定会和她一起来。"

唐飞一脸坏笑，除了牛皮，都明白他所指的"有一个人"是谁。

"你说的是安琪儿吗？"牛皮兴高采烈，"她是马小跳的邻居，现在也是小非洲的邻居，于情于理，安琪儿也该来见见小非洲的。"

牛皮接连两次都用了一个老气横秋的词"于情于理"。毛超问牛皮："这酸词儿打哪儿学来的？"

牛皮说："昨天刚从丁文涛那儿学来的。"

说来说去，就这么说定了：周六，是马小跳一家为小非洲接风；周日，是马小跳的好朋友为小非洲接风。

像迎接贵宾一样，宝贝儿妈妈在每一个房间都摆

上了鲜花。马小跳和小非洲住一个房间，本来，马天笑先生要再去给小非洲买一张小床，可马小跳想和小非洲睡上下铺。以前，他一直向往睡上铺，每天爬上爬下的，多好玩啊！现在，有了睡下铺的小非洲，马小跳多年的愿望就要梦想成真了！

马天笑先生带着马小跳去家具店买双层床，父子俩同时看中一张像轮船一样的双层床，上铺和下铺像楼上楼下的船舱，下铺的床头像轮船的驾驶舱，上面可以放看书的台灯；上铺的床尾立着一根桅杆，可以挂衣服。马小跳最喜欢的是上下铺之间的梯子，做得跟轮船上的舷梯一模一样。

买到这么一张好玩的床，马天笑先生比马小跳更兴奋。他把双层床搬进马小跳的房间，左看右瞧，突发奇想："如果把四面的墙刷成海水的颜色……"

马小跳接着往下想象："我和小非洲睡在这像轮船一样的床上，好像在大海里航行……"

马小跳还没想象完，马天笑先生已经冲了出去。

像大海一样的房间

　　把小非洲从医院接回家，马天笑先生把早就准备好的欢迎词演说了一遍，最后说："小非洲，从此以后，这个家就是你的家，你就是我们的亲儿子，马小跳就是你的亲兄弟。"

　　"不对，乱了乱了！"

马天笑先生问小非洲："什么乱了?"

小非洲说："你忘了我跟你是一辈的,我该叫你哥,马小跳该叫我幺叔。"

马天笑先生十几岁便离开了故乡,他依稀记得一个村子的人都是亲戚,但他实在弄不清楚这些复杂的亲戚关系,马小跳就更弄不清楚了,他宁愿把小非洲当做是他的亲兄弟。

马小跳迫不及待地要把小非洲带到他们的房间去。他刚一推开房门,小非洲便向那双层床奔去。

"跳跳娃,这是我们俩睡的床吗?"

"这是我老爸刚为我俩买的。"马小跳问小非洲,"你看这床像什么?"

小非洲脱口而出:"像轮船。"

"对,像轮船。"马小跳又问小非洲,"你看这蓝色的墙壁又像什么?"

"像海洋。不过……"小非洲用他的左手在蓝色的墙壁上比画着,"如果在蓝色的海洋上画上白色的浪花,这艘轮船就开起来了,呜——乘风破浪!"

马小跳记得家里还有一罐白色的油漆,便翻箱倒柜地找了出来。

小英雄和芭蕾公主

小非洲从马小跳手中抢过油漆刷子："我来画！"

"可是……"

"我知道你想说什么。"小非洲说，"你想说我的右手没有了，怎么画？难道画浪花不可以用左手画吗？"

马小跳给小非洲提着油漆桶，小非洲将刷子伸进桶里，蘸了油漆，面对墙壁，左臂一挥，蓝色的墙壁上便抹上了一轮白色的圆弧。

"好！"马小跳喝彩道，"大手笔！"

小非洲沿着那一轮白色的圆弧，虚虚实实地涂抹了一阵，一朵白色的浪花便掀起来了。

"跳跳娃，你能看出来这朵浪花是左手画的，还是右手画的吗？"

马小跳眯起眼睛，仔细地看了看，还真看不出来。马小跳一直想问小非洲："当你知道你的右手没有了，你当时是不是很难过？"

"不难过。"

小非洲回答得如此干脆，让马小跳颇感意外，如果他的右手没有了，不知他会难过成什么样子。

"我们班上那么多同学都不在了，郑老师也不在

了，我能活下来已经很幸运很幸运。没有了右手，我还有左手，右手能做的事情，左手也能做。"

小非洲在蓝色的墙壁上，用左手画了一朵又一朵浪花，大浪花滚着小浪花，整个房间成了波涛汹涌的大海，双层床就像一艘大轮船，在波涛汹涌的大海里航行。

到了星期天，马小跳认为该来的人都来了，比如唐飞、毛超、张达和牛皮，还有杜真子、夏林果和安琪儿，不该来的，比如路曼曼，也来了。来的人除了杜真子，都是见过小非洲的，所以小非洲与杜真子的初次相见，便成了今天的重头戏。

像往常在马小跳家聚会一样，如果杜真子要来，唐飞总是第一个到。今天也是如此，来的时候，马小跳和小非洲还没起床呢。

唐飞直奔马小跳的房间，仿佛掉进了波涛汹涌的大海。再一看，在翻滚的浪花间，还有一艘轮船，马小跳睡在上面，小非洲睡在下面——原来是一张双层床。

唐飞脱了鞋，本想悄无声息地爬到上铺去，静静地跟马小跳躺在一起，不想他的体重不允许悄无声息，他一踩上下铺连接上铺的木梯，那像轮船一样的双层床边便嘎吱嘎吱地响起来。

"海盗！"

小非洲翻身坐起。刚才，他正在梦中，睡在这像轮船一样的床上，做的梦都是关于大海的。唐飞这个闯入他梦中的不速之客，自然便成了海盗。

小非洲的一声"海盗"把马小跳也叫醒了，他睁开一只眼睛，见是唐飞，翻了一个身："哎，你怎么又来这么早？"

唐飞挨着马小跳躺下来，屁股一撅，就把马小跳挤到一边去了。马小跳只好下床来。

唐飞问马小跳睡在这样的床上是什么样的感觉？马小跳说是"摇呀摇"的感觉。唐飞要享受享受这种"摇呀摇"的感觉，他对马小跳说："等杜真子来了再叫醒我。"

马小跳嘴里答应着，一脸坏笑地带着小非洲出了房间，把房门反锁上。

小非洲问马小跳："为什么要把他关在里面？"

一句两句，跟小非洲讲不清楚。唐飞对杜真子的那点心思，马小跳比谁都明白。他希望唐飞一直睡，

小英雄和芭蕾公主

最好睡到大伙儿吃完了杜真子做的土豆沙拉，杜真子离开以后再醒来。

该来的人，陆陆续续地都来了，就是杜真子还没到。毛超和张达，还有牛皮都到阳台上去翘首遥望，让小非洲对杜真子充满了好奇：杜真子到底是一个什么样的女孩子？难道比路曼曼和夏林果还……迄今为止，路曼曼是小非洲见过的最聪明的女生，夏林果是他见过的最漂亮的女生。

杜真子终于出现在张达的望远镜里："来了……"

毛超问杜真子有没有提篮子？这是他们最关心的，因为每次做土豆沙拉，杜真子都会提一个篮子，篮子里装着做土豆沙拉的材料。

小非洲挤到那几个男生的前面，问哪一个是杜真子？

张达说："就是那个……马小跳的表妹……"

牛皮说："一个身上有魔力的女孩。"

毛超纠正道："不是魔力，是魅力。"

"是魔力。"牛皮坚持道，他有他的理由，"只有小魔女，才做得出那么好吃的土豆沙拉。"

几个男生对杜真子的这番议论，早就让路曼曼不舒服了："你们不觉得无聊吗？"

几个男生正要与路曼曼来一番唇枪舌剑，门铃响了——杜真子来了！

有魔力的杜真子

　　杜真子给小非洲的第一印象，就是大眼睛的动漫女孩从画中走出来了。他只看了一眼杜真子便不敢再看了，因为杜真子一直盯着他看，目不转睛。眼前的小英雄跟她想象中的小英雄完全不一样，太平常太普通了，平常普通得跟毛超马小跳他们差不多。

小非洲脸红筋涨，他被杜真子看得浑身不自在。进城这么些日子，小非洲觉得这是最大的城乡差别——乡下的女孩子是不会这么看男孩子的。

小非洲想起刚才唐飞说，杜真子来了就去叫醒他，便转身去拍马小跳房间的门：“唐飞，杜真子来了！”

马小跳赶紧跑过来捂住小非洲的嘴，把他往客厅里拖。小非洲不明白：马小跳为什么不让叫唐飞？

“把门给我打开！”唐飞气势汹汹，“马小跳，我知道是你干的！”

马小跳拿钥匙开了门，唐飞一出来便给小非洲来了一个最真情的拥抱：“这么多人里面，就你对我最好。从今以后，你就是我的幺叔。”

“唐飞，你叫他什么？”杜真子以为她的耳朵听错了，“你叫他叔？”

“按理说，你也应该这么叫。”唐飞是这么解释的，“小非洲是马小跳的幺叔，我是马小跳的铁哥们儿，马小跳的幺叔就是我的幺叔；你是马小跳的表妹，马小跳的幺叔也是你的幺叔。”

杜真子问马小跳：“我怎么从来没听说过你有这

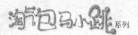

么小的一个么叔？"

马小跳说："以前不知道，现在才知道。而且，他比我还小半岁。"

安琪儿听糊涂了："小非洲比马小跳小，应该叫他哥才对呀！"

"这种复杂的关系，只有我才说得清楚。"毛超最喜欢理乱麻，"小非洲跟马小跳的爸爸是一辈的，他就是比马小跳小十岁，马小跳也得叫他一声叔。"

杜真子问小非洲："马小跳叫过吗？"

"没有。"

"马小跳，你太不像话了！"唐飞问小非洲，"你想不想让马小跳叫你？"

小非洲有点羞涩地："想。"

"马小跳，快叫呀！"

"我不同意！"路曼曼很生气的样子，"马天宝是小英雄，叫小英雄么叔，你们不觉得俗气吗？"

"我觉得一点都不俗气。"杜真子和路曼曼针锋相对，"小非洲是小英雄，但他也是人，是人就可以当么叔。马小跳不叫，我叫……"

杜真子站在小非洲跟前，恭恭敬敬地叫了一声么叔。唐飞、张达、毛超和牛皮也都争先恐后地叫了，马小跳是最后才叫的，但小非洲特别高兴。

"跳跳娃，我终于听见你叫我幺叔了！"小非洲是个善解人意的孩子，他不愿意让路曼曼太不高兴，"叫一次就够了，都不要再叫了。"

要吃杜真子做的土豆沙拉，必须要干活儿，这是杜真子的规矩。男生们都围绕在杜真子的身边，一副心甘情愿听她分配任务的样子，这又让路曼曼受了不小的刺激。平时在班上，她这个中队长把这几个男生都叫不动，她心里也在疑惑：难道这杜真子身上真的有魔力？

杜真子提来的篮子里，除了做土豆沙拉的材料外，还有一把韭菜。杜真子分配夏林果和路曼曼择韭菜。

"我做什么呢？"小非洲也想让杜真子给他分配一点活儿干，"你别看我只有一只手，干起来不会比他们差。"

"这我可以证明。"唐飞现在还对马小跳耿耿于怀，"你们去看看小非洲和马小跳画的那些浪花，画得好的都是小非洲画的，画得不好的都是马小跳画

小英雄和芭蕾公主

的。"

杜真子给小非洲分配的活儿是给她当助手。

"小非洲，我跟你换！"唐飞把他手中的土豆硬塞给小非洲，"我给杜真子当助手，你来洗土豆。"

"我还是愿意小非洲给我当助手。唐飞，你还是洗你的土豆吧！"

"杜真子，你也太狂妄了吧？"路曼曼终于找到攻击杜真子的机会了，"你让小英雄给你当助手，是不是想凌驾于小英雄之上啊？"

夏林果觉得路曼曼的话说得过头了，赶紧息事宁人："杜真子，这韭菜怎么弄呀？"

夏林果和路曼曼都不喜欢吃韭菜，当然不会择韭菜。小非洲马上示范给她们看，他用一只手掐断韭菜中的黄叶，择过的韭菜放在一起，郁郁葱葱。

夏林果学得很用心，路曼曼继续挑杜真子的刺。

"杜真子，你真会标新立异，做土豆沙拉还放韭菜，我们都不爱吃韭菜。"

"这韭菜不是给你们吃的，我要为小非洲做一道特别的菜。"

"杜真子，你真神！我在医院里天天都想吃韭菜，你怎么知道的?"小非洲指着他头上缠着绷带的伤口，"这地方长不出头发来，我就会想起地里的韭菜，割了又长，割了又长，如果我的头发也像这韭菜……"

"只有杜真子才有这样的想象力。"只要逮住机会，唐飞就会把杜真子狠狠地夸一番，"能把头发和韭菜扯在一起，不是一般人能想象出来的。"

牛皮也忍不住要夸杜真子，他夸杜真子是小非洲肚子里的蛔虫。

唐飞对牛皮把杜真子比喻成蛔虫很不满："牛皮，你能不能少用比喻句或者不用比喻句?"

牛皮辩解道："我是想说杜真子连小非洲心里在想什么，她都知道。"

"那也不能把杜真子比喻成蛔虫，多恶心啊!"

"话应当这么说——知小非洲者，杜真子也!"

毛超这话，让唐飞心里更不爽，如果这话换做"知唐飞者，杜真子也"，那还差不多。

就在他们吵来吵去的时候，杜真子已把那道专门为小非洲做的菜——韭菜鸡蛋饼做好了，只见盘里黄的黄，绿的绿，鲜艳无比。马小跳端着盘子在每个人的鼻子下晃了一晃："只能闻，不能吃!"

大家都拼命地吸着鼻子，恨不得将盘子里的美味都吸进鼻孔里。

"哇，香死了！"

"把鼻子都香掉了！"

最后，马小跳将韭菜鸡蛋饼放在小非洲的面前，小非洲要请大家一起吃，尽管他们垂涎欲滴，哪怕是尝一小口解解馋，但他们都忍住了，宁愿小非洲把一盘子韭菜鸡蛋饼全吃掉，好让他那被掀掉头皮的地方，长出像菜地里的韭菜一样茂盛的头发来。

马小跳换同桌了

周一早晨，马小跳带着小非洲一起去学校。路上，马小跳神情严肃地要跟小非洲商量一件事。

"跳跳娃，你这样子好吓人哦！"小非洲盯着马小跳的脸，"什么事情这么严重？"

马小跳说："我想跟你同桌。"

"我也想跟你同桌。"小非洲觉得这事一点都不严重，"你干吗那么紧张？"

"事情不是你想象的那么简单。"马小跳忧心忡忡，"你知道的，我现在跟路曼曼同桌，就是那个一本正经叫你'马天宝同学'的中队长，她可是秦老师派来管我的。其他同学都经常换同桌，就我从来没换过。"

小非洲哦了一声，事情确实不像他想象的那么简单："跳跳娃，你说怎么办？"

马小跳早已经想好了办法："我们去学校后，我带你先去办公室找秦老师，你就说想跟我同桌。"

小非洲豪爽地："这没问题。"

"我也觉得没问题。"马小跳越想越觉得没问题，"对于小英雄提出的这么一点点合理的要求，秦老师是没有理由拒绝的。"

到了学校，因为头上缠着绷带，截肢的右臂也缠着绷带，老师和同学都一眼就认出小非洲就是大地震中从教室里救出两位同学的小英雄。

见跟在后面围观的人越来越多，楼梯都被堵了，马小跳不得不大声地维持秩序："不要跟着，都回教

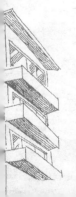

室去!"

高年级的同学根本不听马小跳的:"你叫我们不要跟着,你为什么像跟屁虫一样老跟着人家?"

说马小跳是跟屁虫,这可把马小跳激怒了:"本来我不想告诉你们的,但我现在必须告诉你们:小英雄就住我家,和我住一个房间,我睡上铺,他睡下铺……"

马小跳这么一说,所有的人,包括刚才说马小跳是跟屁虫的高年级的同学,都对马小跳肃然起敬——毕竟是跟小英雄朝夕相处、零距离接触的人。

围观的人都让出一条通道,让马小跳带领小英雄畅通无阻地直奔秦老师的办公室。

秦老师无比亲切地拉着小非洲的左手,问长问短:"你住在马小跳家习惯吗?"

马小跳抢着回答:"很习惯,就像住在他自己家一样。"

"马小跳!我没有问你!"秦老师继续问小非洲,"马天宝同学,你有什么要求,尽管向老师提出来。"

马小跳怕小非洲客气,脱口而出:"他有一个要求!"

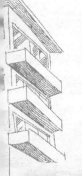

秦老师瞪了马小跳一眼，小非洲怕秦老师批评马小跳，赶紧大声说道："我真的有一个要求！"

秦老师和颜悦色地："有什么要求说出来，看老师能不能为你解决。"

马小跳迫不及待地："秦老师，您一定可以为他解决的，只要您……"

看在小非洲住在马小跳家的分上，今天秦老师对马小跳已经是相当客气了，她只是用眼神制止马小跳继续往下说。

"马天宝同学，老师想知道你有什么要求？"

"您答应我，我才说。"

秦老师以为山里娃都是犟脾气，再说人家是小英雄，小英雄提点要求，无论如何都应该满足。

"好，我答应你，说吧！"

小非洲说："我想跟马小跳同桌。"

秦老师锐利的目光盯在马小跳的脸上："马小跳，这是你的主意吧？"

马小跳心虚了，他从来不撒谎，正准备勇于承认，小非洲抢在他前面说了："不是，是我自己的主意。这两天我住在跳跳娃家里，他把我照顾得非常好，我已经离不开他了。"

马小跳趁热打铁："小非洲的右手没有了，我说我的右手就是他的右手，他可以随便用。"

马小跳有这样那样的缺点，但秦老师从来不怀疑马小跳是个助人为乐的孩子，在家里，他照顾小英雄，在学校，小英雄还希望被他照顾，这个要求并不过分。

"好吧，马天宝同学，我答应你的要求，跟马小跳同桌。但是，我对你们约法三章……"

马小跳终于可以和路曼曼拜拜了，这是他梦寐以求的，别说约法三章，就是约法十章，约法一百章，马小跳都能做到。

"秦老师，您说吧，我听着。"

看着马小跳比任何时候都听话懂事的样子，秦老师倍感欣慰，她相信这一定是受了小英雄的影响，榜样的力量是无穷的，如果有小英雄天天在学校、在家里影响马小跳，马小跳一定会有长足的进步。

秦老师扳着手指头，开始说她的约法三章："第一，马小跳必须虚心学习小英雄身上可贵的优良品质；第二，马小跳必须主动地、任劳任怨地照顾好马

天宝同学；第三，马小跳必须在称呼上注意，不能叫马天宝同学幺叔或者小非洲……"

约法三章的前两章都没问题，就是第三章，他们不可理解。

小非洲说："我本来就是跳跳娃的幺叔嘛。"

马小跳说："我叫小非洲习惯了，叫马天宝不习惯。"

秦老师说："马天宝同学是小英雄，无论叫幺叔，还是叫小非洲，都有损于小英雄的形象。"

小非洲还想说什么，马小跳悄悄拉拉他的衣角，他怕秦老师突然变卦，不同意他和小非洲同桌，那他岂不是空喜欢一场？

离开办公室，马小跳真想放声高歌——和路曼曼同桌的日子终于结束了！

芭蕾公主的忧郁症

　　虽然马小跳摆脱路曼曼，不跟她同桌了，但他坐在路曼曼的前面，一举一动仍然受路曼曼的监视。让路曼曼有点失落的是，自从马小跳跟小英雄同桌后，马小跳就像变了一个人似的，上课时，他不跟毛超讲话，也不看漫画书了，因为小非洲听不懂的地方会问

小英雄和芭蕾公主

他，马小跳就得把老师讲的再给小非洲学说一遍，所以每一堂课，他都全神贯注，唯恐听漏老师的一句话；下课时，他也不到处惹是生非了，因为小非洲要上厕所，要喝水，这就够他忙乎的。总而言之，马小跳像换了一个人，用秦老师的话说，就是"马小跳真正地成长了"。

小非洲每隔几天就会去医院复查伤口，都是下午放学后，马小跳和唐飞他们几个陪他一起去，有时，夏林果也会跟他们一起去医院，因为那个被截掉一条腿、被他们叫做芭蕾公主的女孩还住在医院里，每天都有心理医生给她作心理治疗，可她仍然沉浸在她所经历过的恐惧中，晚上常常做噩梦，被噩梦吓醒后便一直哭。心理医生说，女孩患了忧郁症，跟谁都不讲话，只有夏林果来了，放上跳芭蕾的音乐，夏林果在地上跳，女孩坐在床上，跟着夏林果做手上的动作，只有这时候，她才能完全从噩梦中走出来。

马小跳他们都不知道什么叫忧郁症，夏林果根据芭蕾公主所表现出来的症状，给他们这样描述道："就是心里不高兴，老想着伤心的事，还有，不想跟人说话，脸上没有笑容……"

毛超问小非洲："为什么你没有患忧郁症？"

小非洲说："我是男生嘛，哪能动不动就患忧郁症？"

夏林果却说："主要是她太喜欢跳芭蕾了，芭蕾就是她的梦想，跳芭蕾的失去了一条腿，等于粉碎了她的梦想。"

"也没有完全被粉碎。"唐飞说，"我看见她在床上跟着夏林果跳芭蕾的时候，就不像患忧郁症的样子。"

"那时候她心中只有芭蕾，可是这样的时刻毕竟是短暂的，等我离开后，她又忧郁了。"

"那么，如果她时时刻刻都跟夏林果在一起，让她像小非洲一样到我们班上来上学，也许她根本就没有时间忧郁了。"

这是马小跳突如其来的想法。

来到芭蕾公主的病房，等芭蕾公主坐在床上跟着夏林果跳完一段芭蕾，趁她还没有回到忧郁的状态中，小非洲赶紧说："我上学了！"

对于大地震中失去家园的孩子们来说，能够重新上学是他们最大的愿望。芭蕾公主的心里也藏着这

样的愿望，从她那急切想知道得更多的表情中就能看出来。

"你也到我们班上来上学吧！"马小跳无比热情地，"小非洲跟我同桌，你可以跟夏林果同桌。"

芭蕾公主问："我真的可以和夏林果同桌吗？"

马小跳这才意识到这不是他能主宰的，只有秦老师才能主宰。然而，事在人为，他想跟小非洲同桌，现在不就同桌了吗？

"只要为梦想而努力，就一定能梦想成真！"马小跳春风得意，向芭蕾公主许诺道，"你跟夏林果同桌这件事，就包在我身上。"

唐飞在马小跳的耳边说："你可真会说大话！"

芭蕾公主百分之百地相信了马小跳的话。想到马上就要和她崇拜的偶像成为同桌，她两眼闪闪发光，久违的笑容又回到了她的脸上，完全看不出她患有忧郁症。

第二天，马小跳本来想拉着小非洲一起去找秦老师谈芭蕾公主和夏林果同桌的事，但怕有"狐假虎威"之嫌，是他在人家芭蕾公主面前说的大话，还是让他一个人来扛吧。当然，他实在拿不准秦老师对这

件事情的反应，不管怎么说，已经答应别人的事情，他是一定要尽力而为的。

马小跳站在秦老师的办公桌前，现在秦老师对待马小跳的态度与以前迥然不同，看着马小跳因为和小英雄同桌一天天进步起来，秦老师看在眼里，喜在心里。

"马小跳，你没有辜负老师对你的期望，现在看来，老师当初答应马天宝同学要跟你同桌的要求，是一个正确的决定。你对马天宝同学所做的一切，让老师发现了你身上一个最大的优点，你知道是什么吗？"

在这之前，秦老师总是让马小跳找自己身上的缺点，马小跳熟能生巧，每次都能找出一大堆来。现在，秦老师突然让马小跳找自己的优点，而且是最大的优点，马小跳反而找不出来了。

"马小跳，你身上最大的优点，是责任心强。"

马小跳想起来了，他的宝贝儿妈妈也曾经这么说过。

"秦老师，我今天来找你，也是因为我的责任心太强。"

106

"是关于马天宝同学吗？有什么要求，你尽管提！"

"不是关于马天宝的，但跟他有关系，因为这个女孩子是他最先认识的，您肯定也知道她，就是那个'废墟上的百灵鸟'……"

"我知道！我知道！"秦老师天天看关于地震的电视，"废墟上的百灵鸟"是一个电视专题片，演的就是芭蕾公主，"她怎么啦？"

"她现在患了忧郁症。"

"怎么会呢？"秦老师说，"她被压在废墟下，为了不让自己睡着，她大声地唱歌，她应该是个坚强、开朗的女孩子呀！"

马小跳觉得秦老师说得有道理。但是站在芭蕾公主的角度来换位思考，那么，她患忧郁症也在情理之中。

"也许她被压在废墟下的时候，她只想活下来，所以表现得很坚强、很开朗。现在她活下来了，却被截掉了一条腿，秦老师，您知道吗？她像夏林果一样喜欢跳芭蕾舞……"

以前，秦老师很难得有耐心听马小跳讲这么多的

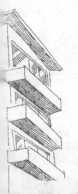

话，现在，她又发现马小跳身上的一个优点，就是马小跳的善解人意。

"现在，心理医生都医不好芭蕾公主的忧郁症，只有夏林果能医好她的忧郁症。"

"哦?"

"真的，秦老师。"马小跳怕秦老师不相信他的话，"夏林果是她崇拜的偶像，只有跟夏林果在一起，她的忧郁症才会消失。她看见马天宝在我们班上学，她说如果她能和夏林果同桌，她也到我们班来上学。"

这是秦老师非常愿意的。现在，各个学校、各个班级都争着接收灾区的孩子来上学，这也是为灾区人民作贡献呀!

"她有这个意愿太好了!我马上去向校长汇报。"

马小跳拉着秦老师："您一定要让芭蕾公主和夏林果同桌，我已经答应她了!"

圆梦行动小组

　　芭蕾公主出院的那一天，夏林果的爸爸妈妈直接把她接到了家里，他们希望她能住在他们家，如果夏林果对她的忧郁症比心理医生还管用的话，那么，与夏林果朝夕相处，她的病也许会好得更快。

　　因为芭蕾公主一条腿被截掉了，还患有忧郁症，

所以无论是身体上还是心理上，她的情况都比小非洲要严重得多，校长和秦老师也是高度重视。在她还没来之前，所有的细节都为她考虑到了，比如，如果每天夏林果的爸爸开车送她来上学，她的轮椅上不了车怎么办？再比如到了学校，教室在三楼，芭蕾公主怎么上去？放学了，怎么下去、怎么回家？再比如上体育课，芭蕾公主怎么办？课间十分钟，芭蕾公主要上卫生间怎么办……

班队会上，秦老师将这些问题——不，应当说是困难都一一地写在黑板上，她相信，只要全班同学齐心协力，这些困难都会迎刃而解。

张达首先站起来，尽管他结结巴巴说得满头大汗，但大家还是听懂了他的意思，是说他的力气大，跑得快，芭蕾公主上学放学的事情，可以包在他身上。

毛超和唐飞马上表示，他们要和张达一起去。

一想到张达、唐飞和毛超一天到晚都在夏林果家进进出出，马小跳坐不住了，他也要加入。

秦老师不同意："马小跳，你的任务是把马天宝同学照顾好。"

马小跳正无言以对，小非洲说话了："我也想去帮助芭蕾公主。秦老师，您就让我和马小跳一起去吧！"

不愧是知心朋友！马小跳暗中握了一下小非洲的手。

小英雄的请求，秦老师是不会拒绝的。

诸如上卫生间这种事情，是必须由女生来做的，所以，又有路曼曼、安琪儿和黄菊加入进来。

路曼曼提议，应该成立一个小组，因为帮助芭蕾公主不是一天两天的事情，而是一个长久的事情。

秦老师同意他们成立一个小组。

路曼曼又说："这个小组还应该有一个小组长。"

秦老师同意大家选一个小组长。

路曼曼很想当这个小组长，她希望夏林果能选她，果然她看见夏林果举手了，同时马小跳也在举手，毫无疑问，秦老师肯定会先请夏林果。

"我选路曼曼。"

马小跳却选夏林果，理由是芭蕾公主最崇拜的人是夏林果，而她又住在夏林果的家里，夏林果理所当然地应该当这个组长。

　　除了路曼曼，所有的人，包括秦老师都觉得马小跳言之有理。

　　接下来，要给这个小组取一个名字。七嘴八舌地，取来取去，都离不开"爱心"两个字。

　　"太一般了。"小组长夏林果说，"我们这个小组主要是帮助芭蕾公主实现梦想，所以这个名字应该跟梦想有关。"

　　"我来帮你们取吧！"丁文涛喜欢咬文嚼字，"'实现梦想'简称'圆梦'，你们就叫'圆梦'小组吧！"

　　"好——"

　　有一些人在鼓掌。

　　"我觉得还可以再响亮一点！"马小跳响亮地，"叫'圆梦行动小组'，怎样？"

　　"好！好！"

　　有更多的人在鼓掌。

　　到了芭蕾公主到学校上学的那一天，圆梦行动小组正式开始行动了。

　　一大早，几个男生就来到夏林果家，将坐在轮椅上的芭蕾公主推上电梯，出了电梯，又抬下阶梯。

一路推着轮椅来到学校，张达将芭蕾公主背上三楼的教室，她如愿以偿，秦老师安排她和夏林果同桌，她俩的座位特别宽敞，便于她的轮椅进出。

尽管她还有一些忧郁，除了夏林果，她跟谁都不讲话，但她喜欢班上的同学都叫她芭蕾公主，还让她特别感动的是，无论是校长，还是老师，还是同学，没有一个人在她面前提起她在废墟里唱歌的事，她被埋在废墟里的那几天，就像一场噩梦，而她的一条腿，被一块巨大的预制板压着，救援队的医生不得不当场锯断这条已经坏死的腿，才救了她的命。刚住进医院的那些日子，每天都有几拨媒体的记者来采访她，每天都要讲几遍在废墟里那噩梦般的经历，晚上，又接着做这样的噩梦。最让她郁闷的是，没有人来关心她的梦想是什么，所有的人都预言她的将来会是一个轮椅上的歌星，仅仅因为在废墟里，她怕自己睡着，唱了一首儿歌："两只老虎，两只老虎跑得快……"

后来，她不说话了，媒体的记者也不来了，心理医生却说她患了忧郁症，每天都给她作心理治疗，可她越来越忧郁，直到她遇见夏林果，似乎又找回了她的梦想。

虽然才是第一天，可芭蕾公主已经喜欢上了这个学校，喜欢上了这个班和护送她上学放学的几个男生。张达把她背在背上时，她心里好有安全感；唐飞是个妙趣横生的男生；毛超的话多得像坏了龙头的自来水，加上过于丰富和夸张的表情，芭蕾公主脸上不笑，却在心里笑；马小跳是她最想感谢的人，如果不是马小跳在医院里夸下海口，要让夏林果和她同桌，她也不会这么快、这么顺利地来到这个学校、这个班，也就不会遇见这么多她喜欢的人。

"马小跳！"

马小跳和小非洲是最后离开夏林果的家的，没想到芭蕾公主叫住了他。本来，她想说一点感谢马小跳的话，可话到嘴边，却变成了另外的话："我听说，你和马天宝的房间，像蓝色的大海；你和马天宝睡的双层床，像一艘轮船……"

"是呀是呀，欢迎你来参观！"马小跳特别强调道，"你一定要让夏林果陪你一起来哦！"

从夏林果家里出来，马小跳心想："忧郁症的症状是谁都不理，现在芭蕾公主主动跟我讲话，她的忧郁症是不是好了呢？"

114

与媒体记者斗智斗勇

　　小非洲在马小跳的家里和班上过着快乐而平静的生活，他渐渐忘了自己是什么小英雄，和马小跳一样，就是一个普通的孩子。而芭蕾公主每天和夏林果一道上学，放学后又和夏林果一道练芭蕾，她的生活无比充实，根本没有时间去忧郁，渐渐地，她也忘记了自己曾经是"废墟里的百灵鸟"，忘记了自己曾经被媒体称为"最上镜的电视小明星"。

小非洲和芭蕾公主如鱼得水，他们以为以后的日子就这么过下去了，不想这个城市发行量最大的一张报纸，登了一张照片，芭蕾公主坐在轮椅上，小非洲和夏林果一边一个，走在她的旁边，马小跳、张达、唐飞和毛超在后面推轮椅，背景是他们学校的大门口。照片旁边配有文字，意思是说救人的小英雄和"废墟里的百灵鸟"已在医院成功地做了截肢手术，康复情况良好，现在本市的一所小学上学。

马小跳问："是谁拍的？"

张达一脸茫然："我……没看见……"

"不可能看得见，知道这是为什么吗？"毛超一副见多识广的样子，"这是偷拍。"

"怎么能这样呢？"夏林果对这样的事情不可理解，"偷拍就偷拍了，为什么还要登在报纸上？"

"偷拍的目的就是为了登在报纸上。"唐飞说，"记者们都这么干的，拍明星只能偷拍，谁叫小非洲和芭蕾公主都是明星呢！"

总之，这张照片打破了小非洲和芭蕾公主刚刚开

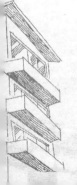

始的平静的生活。全国各地的电视台、报纸的记者都来了，他们找到欧阳校长，要求给他们安排采访的时间，但都被欧阳校长拒绝了。她希望记者们给这两个孩子一个正常的空间，他们才可能像其他孩子一样正常地成长。过度的媒体炒作，她担心两个孩子幼小的心灵因承受不起而变得扭曲。

记者们才不管欧阳校长的担心呢，他们只想上新闻，不惜以围追堵截的手段来抢新闻。

一场与媒体记者的战争开始了，圆梦行动小组的主要战略战术是躲避，所以他们必须侦察到几条隐秘的通道，可以进出学校。

首先侦察的是学校食堂的后门，那是专供买菜买米用的，平时都锁着，钥匙在胖师傅手上。而这个胖师傅是马小跳他们最怕的，他只要吼一声，耳朵仿佛要被震聋似的。

怕归怕，但他们都明白事在人为的道理，决定在胖师傅那里去碰碰运气。当然，还得叫上两个女生，否则一见他们这几个在全校闻名的调皮蛋，胖师傅肯定不会有好脸色给他们。

他们叫上了人见人爱的夏林果，还叫上了能说会

系列

小英雄和芭蕾公主

淘包马小跳

道的路曼曼，一起来到食堂。因为几个男生走在前面，胖师傅没看见后面还跟着两个女生，他以为这几个调皮蛋是来捣乱的，大喝一声"干什么"，震得窗户哗啦哗啦响。

毛超硬着头皮："我们想找您谈谈。"

"找我谈谈？"胖师傅觉得有点好玩，"我跟你们有什么好谈的？"

夏林果和路曼曼挤到男生的前面来，夏林果小声地恳求胖师傅："我们需要您的帮助。"

胖师傅见夏林果的胳膊上戴着三道杠，见路曼曼的胳膊上戴着两道杠，知道她们是大队委(长)和中队委(长)，脸上没有了"凶"的表情，倒是慈眉善目的一张脸。

路曼曼讲话思路清晰，只三言两语，胖师傅便听得明明白白。

"他们还是孩子，嫩着呢！"胖师傅说话挺专业的，"不能让媒体这么老炒，炒来炒去炒熟了，烂得快！"

胖师傅愿意配合圆梦行动小组来对付媒体，他说只要学校门口有动静，他随时给他们打开食堂的后

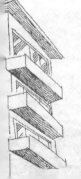

门。他们还约定了暗号，学三声青蛙叫：呱！呱！呱！

马小跳家里有一个高倍望远镜，好久没用过了，现在正派得上用场。学校的斜对面是一家小书店，马小跳经常在那里买漫画书，所以书店的老板认识他。在记者们围追堵截的日子里，几个男生总是先将小非洲和芭蕾公主藏在书店里，然后举着望远镜轮流地瞭望一番，如果发现有记者模样的人——男的都爱穿有许多口袋的帆布背心，女的大多中性打扮，不化妆，不穿高跟鞋，或者带摄像机和照相机的，这些通通是他们要躲避的。于是，他们给小非洲扣上一顶帽子，遮住他头上的绷带，推起芭蕾公主的轮椅，直奔食堂的后门，争先恐后地学青蛙叫：呱！呱！呱！

随后，便听见食堂里一阵沉重的、奔跑的脚步声，胖师傅拿钥匙来给他们开门了。

从食堂到教学楼，本来有一条平坦的林荫道，可以推着轮椅过去，但他们怕被学校门口的记者们发现，张达背起芭蕾公主，绕过教学楼后面的草坪，进了教学楼。到楼上再举起望远镜看学校门口的记者们，还在那里傻等，哈哈！

不过很快，这一招便不灵了。再一次发现学校门

口有记者模样的人候在那里，到了食堂后门，发现也有记者模样的人候在那里。

这条秘密通道被暴露了！

幸好马小跳他们几个经历的事情也不少，能急中生智，配合默契，相互使个眼色，便知道自己该干什么。张达推起轮椅就跑，小非洲和夏林果紧跟其后。马小跳、唐飞和毛超迎着那几个记者走过去，死死地缠住他们。

这边，张达只好又把芭蕾公主推到小书店里。"还有一个……秘密通道……"

张达说的这个"秘密通道"，一点都不秘密，众目睽睽之下，就是学校门口的收发室。但只要能把学校门口那几个记者的注意力吸引开，这也可以算做秘密通道。

"我去把他们吸引开。"

上次登的那张照片，夏林果也在上面，她长相出众，让人过目不忘，这些记者一定还记得她。

夏林果朝那几个记者走去，果然，记者们围了上来，张达背起芭蕾公主，带领小非洲，在收发室王大爷的掩护下，避开学校门口记者们的视线，顺利地进了教室。

电视台的梅导演

　　那些记者真是又敬业又执著，还有"守株待兔"
的精神，他们可以在学校门口，从上学等到放学。所
以每天放学，都要派人先去学校门口侦察一番。

　　这天下午放学，马小跳派安琪儿去学校门口侦察
有没有记者守在那里。安琪儿说，有那么多家长等在

那里接自己的孩子，怎么分得清谁是记者，谁是家长。

马小跳说："你看着不像家长的人，那就是记者。"

安琪儿牢牢记着马小跳的话，把站在学校门口的人仔仔细细地都看了一遍，没有一个不像家长。

安琪儿跑回教室向马小跳报告，学校门口都是家长，没有记者。张达这才背起芭蕾公主，马小跳和唐飞抬着轮椅，和夏林果、小非洲一起下了楼。

下了楼，让芭蕾公主坐上轮椅，刚走出校门，一个气质高雅、一看就是搞文艺的女士，突然出现在他们跟前，显然，她是"守株待兔"。

马小跳他们正准备采取紧急措施，夏林果却主动和人家打起招呼来。

"梅导好！"

马小跳悄悄问夏林果："她是谁？"

"电视台的，找我的。"

听夏林果这么一说，男生们都放松下来。梅导是电视台综艺节目的编导，她姓梅，都叫她梅导，经常找夏林果去上她的节目。

"我们找个地方说话!"

梅导推起芭蕾公主的轮椅就走,把张达晾在一边。马小跳他们都蒙了:找夏林果说话,干吗推芭蕾公主的轮椅呢?

梅导将轮椅推到一棵银杏树下停下来,可她并不跟夏林果说话,而是蹲下身子,拉着芭蕾公主的双手:"你就是那个'废墟里的百灵鸟'吧?六一儿童节快到了,我们电视台搞了一台晚会,我想请你上晚会唱《两只老虎》。"

一听要唱《两只老虎》,被埋在废墟里的情景便像噩梦般出现在芭蕾公主的脑海里。她的两眼充满了恐惧,怔怔地看着梅导。

梅导全然不知,自顾自地往下说:"你不是喜欢唱歌吗?被埋在废墟里还在唱,在你们的节日那一天,我要给你一个舞台,让你尽情地唱……"

"啊——"

芭蕾公主捂住耳朵,发出刺耳的尖叫,吓得梅导不知所措:"她怎么啦?"

看张达推起芭蕾公主走远了,夏林果才把芭蕾公主为什么尖叫的原因告诉梅导。

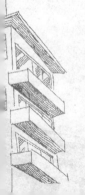

小英雄和芭蕾公主

"哦，是这样，真是对不起！"梅导深感内疚，"刚才，我的话还没讲完，六一儿童节的这台晚会，是一个赈灾晚会，我们要现场募捐，把募捐来的善款用来修建灾后的学校。所以，我特别希望有灾区的孩子出现在晚会的现场，现场的气氛会更感人……"

"我去！"小非洲自告奋勇，"我也是灾区来的。"

虽然小非洲戴着帽子，但梅导还是把他认出来了："啊，你就是那个从教室里救出两个同学的小英雄！你能来，太好啦！你会唱歌吗？"

"我唱歌老跑调。"小非洲说，"如果有人和我一起唱，我就不会跑调。"

梅导问马小跳、唐飞和毛超："你们和他一起唱，怎么样？"

毛超说："我唱得还可以，就是声音有点小；唐飞唱歌没有感情，像和尚念经；马小跳唱歌拖声拖气，总是慢半拍。我们几个之中，张达唱得最好，别看他说话结巴，唱歌一点都不结巴，不仔细听，还以为是成龙在唱，唱得最像的是《真心英雄》，还有……"

毛超叽里呱啦，只顾自己说，梅导不得不打断

他，问张达是谁。

夏林果说："就是刚才那个推轮椅的。"

梅导让他们明天下午去电视台找她。马小跳说，明天下午，他爸爸给小非洲请的书法老师要到家里来。

梅导看小非洲的右手已经被截掉了："你怎么写字啊？"

"他用左手写，他左手写的字比我右手写的还好。"马小跳向梅导夸耀道，"书法老师说，小非洲练字很有悟性，今后前途无量。"

马小跳的这番话，给梅导带来了意外的惊喜，她问小非洲："你能在晚会的现场表演用左手写字吗？"

"没问题。"马小跳俨然是小非洲的代言人，"小非洲临场发挥特别好，看的人越多，他的字越写得好。"

毛超却急了："好不容易找到一个为灾区人民献爱心的事，不会因为小非洲去晚会现场写字，就不用我们和他一起唱歌了吧？"

"歌要唱，字也要写。"梅导很有魄力，"明天，小英雄安心练字；后天，叫上刚才那个推轮椅的小帅哥，到电视台来找我。"

梅导郑重其事地和他们一一握手告别，然后转身离去。

"梅导，请等一等！"夏林果追了上去，"你能让刚才坐在轮椅上的那个女孩上晚会跳芭蕾舞吗？"

梅导又吃了一惊："她的一条腿不是被截掉了吗？"

"她用腿以上的身体跳。"夏林果说，"她一直在跟我练芭蕾，如果只看上半身，她的舞姿比我还好看呢！"

"哦，是吗？"这又是给梅导的一个惊喜，"她愿意上我们这台晚会吗？"

夏林果不敢贸然回答。自从芭蕾公主每天跟夏林果在一起后，她的忧郁症大有好转，但情绪还不稳定，所以夏林果要试探着问问她。

"行！"梅导喜不自禁，"如果她愿意，她的节目将成为这台晚会的压轴戏！"

芭蕾王子

当芭蕾公主得知在六一儿童节的晚会上，要为灾区重建学校现场募捐，马上表示愿意去现场表演。

"我还从来没上过电视呢！可是，我……"

夏林果明白芭蕾公主的担忧："你可以坐在轮椅上，穿一条撒开的纱裙，裙子把轮椅都遮住了，这样就看不出你是坐在轮椅上了。"

"我总不能一直坐在轮椅上啊!"

"如果张达会跳舞就好啦!"夏林果在那里假设,"他的力气大,可以把你托举起来,芭蕾舞里有许多优美的托举动作,但必须经过严格的专业训练,张达肯定不行。"

"我曾经做过一个很美的梦。"芭蕾公主轻轻的述说如梦如幻,"我梦见我和芭蕾王子在一个没有灯光的舞台上跳双人舞,当他把我托举起来,所有的星星都来了,照亮了整个舞台。"

"真是太美了!"夏林果也沉浸在这个美丽的梦境中,"你梦见的那个芭蕾王子是宋亚昆吗?"

宋亚昆是他们这座城市的骄傲,他曾获得世界芭蕾舞比赛的冠军,被誉为芭蕾王子。"是他。"芭蕾公主有些羞涩地,"自从我在电视上看他跳舞,他就经常出现在我的梦中,他……"

夏林果知道,在哪里能找到芭蕾王子。她每周都要去芭蕾舞剧院上芭蕾课,有时会在练功房里遇见芭蕾王子。为了芭蕾公主这个美丽的梦想,她甚至有了去找芭蕾王子的冲动。

夏林果毕竟是个文静的、比较容易害羞的女孩子，她不敢单独去找芭蕾王子，只好让马小跳他们几个陪她一起去找。夏林果很骄傲，以前在班上的男生中，她只瞧得起什么都懂、爱说成语、号称"小百科"和"成语大王"的丁文涛，但后来经历了一些事情，她发现如果单个地看马小跳、唐飞、张达、毛超，他们只是有趣、有个性的男孩子而已，并无过人的神勇之力，但如果他们几个齐心协力地在一起，就没有他们想不出的办法，没有他们办不到的事情。

去芭蕾舞剧院找芭蕾王子，是夏林果瞒着芭蕾公主带马小跳他们几个去的，她的考虑万无一失：如果能找到芭蕾王子，那是给芭蕾公主的一个惊喜；如果找不到，也不至于让芭蕾公主失望。

到了芭蕾舞剧院，守门的保安将夏林果放进去了，伸手拦住了四个男生，不许他们进去。

"我们一起的。"毛超反抗，"凭什么让她进去，不让我们进去。"

保安指着夏林果："她是跳舞的。你们是干什么的？"

"我们也是跳舞的。"

马小跳学着夏林果走路的姿势，迈着外八字脚走路，保安放他进去了。唐飞、张达和毛超一看，也学马小跳那样走，保安将张达和毛超放进去了，却拦住了唐飞："你不是跳舞的。"

唐飞问保安："你怎么知道的？"

"一眼就看出来了。"保安扬扬得意，"你这样的体重，哪里跳得动！"

"好眼力！"唐飞亲热地拍拍保安的肩膀，"我也一眼就看出来了，作为芭蕾舞剧院守门的保安，你看人的眼光十分专业。实话告诉你，我确实不是来跳舞的，我是来找人的，找亚昆叔叔，他在吗？"

保安被唐飞夸得晕晕乎乎的："你来得真巧！他今天刚从国外回来，还特别给我打招呼，今天不接受媒体的采访，不过，我一眼就看出来了，你不是记者，你……"

唐飞不耐烦保安啰啰唆唆，打断他的话："我找他有急事！"

"原来就是你呀！"保安恍然大悟的样子，"他特别给我打了招呼，说有人找他有急事，让我放进去！你等着，我马上给他打个电话！"

芭蕾王子

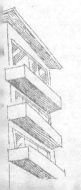

保安拨通了电话："找你有急事的人来啦！好的，明白。"

保安详详细细地给唐飞指了路，唐飞和马小跳他们很容易找到了，摁响了门铃。

芭蕾王子开了门，见门外站着几个小孩，以为他们找错了门："你们……"

"我们就是来找您的。"毛超最擅长与第一次见面的人沟通，他展开一张登有芭蕾公主照片的报纸，"您也许不认识我们，但您一定知道她。"

芭蕾王子偏着头看了看报纸："哦，我知道，她就是被埋在废墟里近七十个小时还不停唱歌的女孩。"

"可是，她的梦想不是唱歌，而是跳芭蕾舞，我们都叫她芭蕾公主。"

夏林果给芭蕾王子讲了芭蕾公主的故事，讲了那个美丽的梦——芭蕾公主梦见她和芭蕾王子跳双人舞，芭蕾王子将她托举起来……

芭蕾王子被这个美丽的梦感动了，他问夏林果，需要他做些什么？

"您能帮芭蕾公主实现梦想。"夏林果说，"电视台要在六一儿童节举办一台赈灾晚会……"

夏林果没有告诉芭蕾公主,她马上就能见到她梦中的芭蕾王子,夏林果要给她一个意外的惊喜。

第二天下午,电视台的梅导派了车来,将小非洲和芭蕾公主、夏林果和马小跳他们几个,还有牛皮(他一定要参加演出,他说他代表国际友好人士,也要为中国的灾区人民献爱心)一起接到了电视台。

芭蕾王子早已等候在演播厅里。夏林果让芭蕾公主闭上眼睛:"等我叫一二三,你再睁开!"

芭蕾王子已快步地迎了上来,来到芭蕾公主的身边,十分优雅地单腿跪地,将芭蕾公主的一只手轻轻地握进他温暖的手心里。

听夏林果叫了"一二三",芭蕾公主睁开眼睛,随即惊叫一声——她不敢相信,一个经常出现在她梦中的人,现在居然就在她的眼前,离她那么近,她都能听见他的呼吸。

"我不是在做梦吧?"

"一切都是真的,我的公主!"芭蕾王子仿佛会变魔术,突然间,双手捧出一条雪白的纱裙来,"穿上它,我们马上开始!"

芭蕾王子

儿童节的赈灾晚会

在六一儿童节的那天晚上，电视台直播了赈灾晚会。现场的观众有很多是企业家，唐飞的爸爸是一家大公司的老板，马小跳的爸爸是玩具厂的厂长，他们也都来了。

小非洲要和马小跳他们几个演唱的《真心英雄》

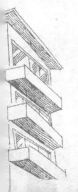

是第一个节目，所以他们下午就来了，已经化好了妆，换好了服装——上穿电视台统一制作的、胸前印着几个红色大字"我们在一起"的白色T恤，下穿牛仔裤，足蹬运动鞋，腰间都扎一根一寸多宽的棕色皮带，扎宽皮带是马小跳的主意，他觉得这样可以增添几分男人味儿。几人当中，只有小非洲的头上戴了一顶棒球帽，这顶帽子有两个作用：一是突出小非洲是主角；二是可以遮住他缠在头上的绷带。

因为时间紧，梅导只是简单地把《真心英雄》这首歌给他们排练了一下，就是一人唱两句，牛皮因为完全不会唱，梅导只让他唱一句，就这一句，他都唱不好。牛皮很执著很认真，越唱不好，他越想唱好，所以他反反复复地唱——

不经历风雨，怎么见彩虹

牛皮是捂住自己耳朵唱的，鬼哭狼嚎般，他自己听不见，别人听起来却很难受。

"我求求你，别唱了！"化妆师已经工作不下去了，"我的头皮都发麻了。"

"不行，我必须唱好！"

牛皮继续鬼哭狼嚎——

不经历风雨，怎么见彩虹

化妆师百般无奈，只好去找了梅导来。

梅导很忙，她简明扼要地对牛皮说："你是外国人，意思意思就可以了。关键是……"

梅导又简明扼要地对大家："记住，今晚是直播，千万不要出差错。你们都是绿叶，小英雄才是红花。绿叶和红花是什么关系？"

大家异口同声地回答："绿叶衬托红花。"

这是平时排练时，梅导经常爱说的一句话。

肚子都等饿了，终于等到晚上八点，晚会开始了。几句开场白过后，主持人说道："下面有请小英雄马天宝和他的同学为我们带来《真心英雄》。"

他们在雷鸣般的掌声中走上了舞台。虽然是第一次上电视演出，可他们没有一个怯场的，都像明星那样，露出最灿烂的笑脸，一边走一边向观众挥手。走到舞台中央，一排站开，都是顶天立地、很男人的样

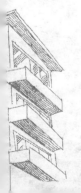

子。

按照梅导的要求，小英雄要先讲几句话。

小非洲说："我的同学有以前班上的，有现在班上的。站在我身边的这几位是我现在班上的。我以前的班上，有三十一个同学，我是班长，在这次地震中，我失去了二十一个同学，我们的班主任郑老师为了救同学，也遇难了……那时，她离教室的门最近……她本来……"

小非洲泣不成声，观众席上也一片唏嘘声，那些女企业家都拿纸巾擦眼泪。

小非洲一昂头："接下来，我和我现在班上的同学，将《真心英雄》这首歌，献给我过去的同学和我们的班主任郑老师。"

小非洲把他的手放在胸口，声情并茂地唱道：

在我心中，曾经有一个梦
要用歌声让你忘了所有的痛

小非洲唱歌果然跑调跑得厉害，下面的观众不知他唱的是什么。刚才听他说话，很多人都哭了；现在

听他唱歌，很多人又都笑了。但小非洲唱得十分投入，全然不知。幸好接下来是张达唱的两句，这才回到《真心英雄》的旋律上：

　　灿烂星空，谁是真的英雄
　　平凡的人们给我最多感动

接下来的合唱，他们加了许多表达歌词的动作，两手在空中一抓一抓，表达的是：

　　把握生命里的每一分钟

毛超和唐飞、小非洲和张达、牛皮和马小跳紧紧拥抱在一起，表达的是：

　　和心爱的朋友热情相拥

这是真正孩子的表演，他们的那份纯真和童趣，让所有的大人们都为之感动。

"太棒了！"梅导在心里为他们叫好，"第一个节目就把现场气氛带入了最佳状态。"

歌唱完了，主持人请小非洲留步，马小跳他们几个在热烈的掌声中，像明星那样，一边向观众抛着飞吻，一边退下了舞台。

舞台上，只剩下小非洲和主持人了。主持人问小非洲："听说你现在用左手练书法，练了多长时间了?"

小非洲："还不到一个月。"

主持人："写字都是用右手，你的右手已经没有了，为什么还要练书法呢?"

小非洲："因为我想做一个与众不同的书法家。一般的书法家都是用右手写，不一般的书法家是用左手写。"

"好!"

观众席上一片叫好声。

主持人："你能在现场给我们写几个字吗?"

小非洲："可以。只不过我还写得不够好，但是等我长大以后，成了世界上最不一般的书法家，今天写的字可是很有收藏价值的哦!"

小非洲天真的孩子气，把现场的观众都逗乐了。

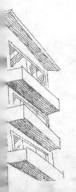

马小跳和张达推着一张大桌子又上台来了，桌子上摆着笔墨纸砚。小非洲每天练字的时候，马小跳总是在他身边笔墨侍候，所以，怎么铺纸，把砚台放什么位置，马小跳已经做得非常熟练了。

小非洲左手握笔，悬在纸上，先做一个深呼吸，然后长长地吐出一口气来，下笔写了四个字，就是他们刚才唱的那首歌——

真心英雄

"好！好！"

台下喝彩声不断，小非洲不得不再写一张，这一张写了五个字，就是这台晚会的主题——

我们在一起

马上有两位企业家分别捐出四百万和五百万。捐出四百万的企业家得到了小非洲写的那四个字——真心英雄；捐出五百万的企业家，得到了小非洲写的那五个字——我们在一起。

在梦想的天空

　　这天晚上，小英雄的单纯天真，让所有的人在笑声中热泪盈眶，童心焕发；这天晚上，芭蕾公主和芭蕾王子的双人芭蕾舞《在梦想的天空》，浪漫温馨，美轮美奂，让所有的人在感动中，感受梦想的力量，在心中长出美丽的童话。

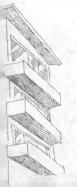

小英雄和芭蕾公主

如果说，是救援队的武警战士从废墟里拯救了芭蕾公主的生命，那么，是圆梦行动小组和电视台的梅导用舞台拯救了芭蕾公主的梦想。儿童节的赈灾晚会的压轴节目，成了人们永恒的回忆——

蓝宝石一样的夜空下，一束光柱投射在芭蕾公主的身上。她穿着芭蕾王子送给她的白纱裙，蓬起来的、如雪的白纱遮盖了轮椅，裙裾下面露出一只鲜艳的红舞鞋。

在舒缓的舞曲中，芭蕾公主仰望夜空，轻轻地抖动双臂，那是梦想长出的翅膀。

音乐进入高潮，骤然间星光灿烂，照亮了整个舞台。在群星的簇拥下，芭蕾王子从天而降。他身穿灯笼袖的白色丝绸衫，白色紧身裤，修长挺拔，高贵无比。

一段优美抒情的慢板过后，随着小鼓节奏渐强，芭蕾王子将芭蕾公主高高地托举起来，在激昂的乐曲声中，芭蕾公主张开双臂，在芭蕾王子的激情旋转中飞翔……

灾难可以摧毁人的身体，不可摧毁的是人的梦想！

芭蕾公主梦想成真！

绚烂之后，一切都会归于平淡。生活还在继续。

小英雄马天宝，马小跳他们几个背着秦老师，还是叫他小非洲。白天在学校，他跟马小跳同桌；放学回家，他练书法，马小跳在一旁笔墨伺候；晚上他俩睡在一张像轮船一样的双层床上，马小跳睡上铺，小非洲睡下铺。这样的日子过久了，马小跳渐渐忘记小非洲是小英雄，小非洲似乎也忘记了自己是小英雄。有时，他和马小跳下跳跳棋，如果他输了，他就学三声狗叫；如果马小跳输了，他就让马小跳连叫他三声幺叔。

转眼又到了期末，秦老师忙着为班上的每一位同学写操行评语。操行评语一般分为两段，上面一段用肯定的语气写，肯定的是优点；下面一段用希望的语气写，希望改正的是缺点。往年，秦老师给马小跳写的操行评语，上面一段总是一点点，下面一段总是一大堆。这学期，秦老师在给马小跳写操行评语时，上面一段不知不觉地写了一大堆，马小跳的进步真大呀！秦老师由衷地为马小跳感到高兴。

还有一位同学的变化，让秦老师感到格外欣慰，

这位同学就是夏林果。在很多人的心目中，夏林果几乎就是一个完美的女孩，但秦老师总觉得夏林果总是以自我为中心，总是别人围着她转。但从她认识芭蕾公主的那一天起，夏林果的生活开始以芭蕾公主为中心了，她不仅是芭蕾公主的芭蕾舞教练，还是帮助芭蕾公主走出忧郁阴影的心理医生。往年，秦老师在给唐飞、张达和毛超写操行评语时，都是皱着眉头写的，现在给他们写，脸上是笑眯眯的。这是发自内心的笑，因为这几年中，秦老师倾注在这几个调皮蛋身上的心血是最多的，在她即将退休，结束她挚爱一生的教师工作的时刻，她可以心满意足地对自己说：我的心血没白费，他们都是好孩子！

暑假说到就到。上一个暑假，马小跳他们几个是到张达的奶奶家过的，和巨人阿空一起摘桃子。这个暑假，本来早有约定，是一起到马小跳的奶奶家过，马小跳在他们跟前，把他奶奶家的猪呀狗呀猫呀，吹得神乎其神，唐飞、毛超和张达一定要眼见为实。当然，马小跳给他们讲得最多的还是超级会玩、跟他们同龄的小非洲，他们早就想认识他了，因为地震，现在他们已经提前认识了。

马小跳发现，暑假才过了一天，小非洲便有些心事重重，不像上学的时候那么爱说爱笑了。"小非洲，你想家了吗?"

"我想郑老师，还有那些已经不在了的同学。"

小非洲把自己关在书房里，不停地写呀写呀，他不要马小跳在一旁笔墨伺候，因为他不是在练书法，是写给郑老师的心里话。

马小跳将小非洲的心事告诉了马天笑先生，马天笑先生决定开车带小非洲和马小跳回望龙山。马小跳强烈要求道："把唐飞、张达和毛超也带上吧! 我早就答应过他们，这个暑假，要带他们去的。"

小非洲说："还有牛皮，他对我说过好几次了，如果有机会，他一定去郑老师的墓前，给她献上鲜花。"

第二天一早，天还没亮，马天笑先生开着他的越野车，带着几个孩子上路了。

下了高速路，便能看见望龙山的山影了。

一路上，那些只有在电影里经过特技处理的镜头，都出现在他们的视野里: 大片坍塌的房屋，断裂的桥梁，整座的青山从中劈开，露出狰狞的岩石

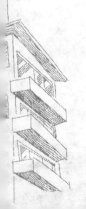

来……车里的几个孩子，除了小非洲，都看得目瞪口呆。

小非洲的学校在半山腰，车只能开到山脚下。小非洲带领他们，沿着崎岖的山道往上爬。

正是杜鹃花开放的时节。小非洲说，如果没有这场灾难，现在满山遍野，都是红的，所以杜鹃花，又叫"映山红"。郑老师最喜欢杜鹃花，每天上学，都有同学沿途采几枝杜鹃花，插在教室讲台上的瓶子里。郑老师站在讲台上讲课，杜鹃花把她的脸衬托得更加美丽了。

还是有顽强的杜鹃花，在石缝中开放。

一路采着杜鹃花，等到了半山腰，每个人的手中，都有一大捧了。他们要把这些花，献给小非洲的郑老师。

半山腰的学校已成为一片废墟。在废墟中央，小非洲指着一堆横七竖八的预制板："当时郑老师就是被压在这下面的。"

废墟的旁边，立着几块墓碑，是为了纪念在这次大地震中，为保护学生而献身的老师。他们在每一座墓碑前，都献上鲜红的杜鹃花。虽然没见过这些老

150

师，但在这几个孩子心中，能为学生献出生命的老师，就是最可敬、最可爱的人。

最后来到郑老师的墓前，牛皮如愿以偿，亲手献上了郑老师最心爱的杜鹃花。他双手握在胸前，抬头望天，口中念念有词："郑老师，您在天堂还好吗?"

小非洲跪在郑老师的墓前，把他写给郑老师的话，一张一张铺在地上，至少有上百张，然后掏出打火机，点燃了。

熊熊燃烧的火堆里，升起一股青烟，直上云霄。小非洲从小就听村子里的老人说，灵魂高贵的人死后是要升天的。他相信，他的郑老师已经升了天，而他写给郑老师的心里话，也化做了青烟升上天，一定能传到郑老师那里去。

附　录

杨红樱答小读者问

问：我和同学、爸爸妈妈还有老师都特别喜欢马小跳，我想知道马小跳是真实的，还是你虚构的？如果现实生活中真的有马小跳，我一定要和他做朋友。——甘肃省兰州市安宁区十里店小学五（3）班　张儒尧

答：马小跳是我虚构的一个艺术形象，但任何一个被广泛认同的艺术形象都能在现实生活中找到他的影子，他就像生活在你身边的一个同学或一个朋友。马小跳这个人物形象，实际上是我熟悉的几个男孩子的集合体，我把他们身上最能体现出孩子天真无邪、自由快乐的天性都集中在马小跳的身上，所以马小跳能走进千家万户，能跳进孩子们的心里，就因为他是真正的孩子。

问：在你的想象中，马小跳长大后，会是一个什么样的人？——吉林省白城实验小学　王超

答：马小跳是个淘气包，他身上有这样那样的缺点，每天错误不断，但他诚实、勇敢、快乐，有爱心，有责任心，还有我特别看重的一种品质——幽默感，我想这种本质很好的孩子长大以

后，会是一个顶天立地的男子汉。

问：您笔下的孩子都很快乐，令我们无比羡慕。但是现实中的孩子却有许多的烦恼，想快乐也快乐不起来，怎么办？——江苏省宝应县桃园小学　周尧

答：我一直认为快乐是一种能力，是一个人可以面对一切遭遇的能力。我笔下的孩子跟现实中的孩子一样，也有成长的烦恼，也有不被成人理解的委屈，还有种种的无奈，但是他们有能力让自己快乐起来，这就很了不起。成长过程的最佳状态是快乐。

问：我非常喜欢《贪玩老爸》这本书中的马天笑先生，现实生活中真的有这样的爸爸吗？——浙江省台州市温岭县　阳阳

答：马天笑这个人物的生活原型应该是我的爸爸，他有童心，有生活情趣，喜欢玩，可以玩得花样翻新。我小时候是一个并不出色的孩子，他对我没有太高的期望值，我是在一种宽松自然的教育下长大的，所以我的童年快乐、自由，可以做自己想做的事情。

问：当作家是你小时候的梦想吗？——山西省古交市西山十八校五（5）班　杨珊珊

答：我小时候作文写得好，经常被老师当做范文在班上念。尽管那时候就有同学说我长大了会当作家，但我自己却从来没这

样想过。从小我就喜欢孩子，我想当老师可以天天跟孩子在一起，所以我那时的梦想是当老师。在我十八岁那一年，我真的成为一名小学老师。直到现在，我都非常崇拜这个职业，而且，我把我当老师的那七年经历，看做是我人生中最辉煌、最值得回味的一段经历。

问：你塑造的老师形象，比如《漂亮老师和坏小子》里的米兰老师、《神秘的女老师》中的蜜儿，写的就是你自己吗？——四川省成都市高新实验小学五（2）班　张怡

答：在米兰和蜜儿的身上，有我当年做老师时的影子，有些故事也是在我和我的学生之间发生的。在创作这两个人物形象时，我是把做老师的感悟，还有对教育的所有的理想，全都寄托在米兰和蜜儿的身上，让她们去一一实现。我认为作为一个好老师的一个很重要的标准，就是学生是不是喜欢你。

问：你是怎么写出《宠物集中营》来的？是不是因为你养了许多宠物？——广东省深圳市布吉镇丽湖花园　徐榆雯

答：养宠物是要对宠物负有很大的责任的。尽管我很喜欢宠物，但因为经常出差，我没有养过宠物。在写《宠物集中营》前，我经常去一家宠物医院，观察在那里接受治疗的病狗病猫。没有这种体验，我想我是写不出这本书的。

问：你喜欢什么样的动物？——广东省广州市海珠区　赖敏立

答：在野生动物里，我最喜欢老虎，它非常漂亮，仪态高贵威严。老虎是一种不合群的动物，孤独地穿行在密林中，给人一种苍凉的美感。在宠物里，我最喜欢大型狗，比如纯种的德国牧羊犬，它看起来剽悍威猛，眼神却异常的温柔。这种狗善解人意，跟它在一起，会感到很温暖，很安全。

问：我们小孩子都非常爱读你写的马小跳的书，从这些书里我们学到了许多做人的道理和许多的科学知识。为什么有些家长却认为这样的书是闲书，不让我们多读？——河北省唐山市路北区　郑若琪

答：因为没有读，对这些书并不了解，所以有误解——对书的误解，对自己孩子的误解。也有的家长做得很好，他们会和孩子一起阅读，从中发现孩子"为什么喜欢"，这是对孩子的尊重。我一直希望我的书，能够在孩子与成人之间架起一座沟通的桥梁。

问：你已经把马小跳、唐飞、张达、毛超四个男孩子都写活了，你为什么总是那么喜欢写男孩子？——湖北省枣阳市第二实验小学　刘鲜睿

答：如果你仔细读完我所有的书，你会发现我也写了很多女孩子：漂亮女孩夏林果、笨女孩安琪儿、疯丫头杜真子、马小跳的同桌冤家路曼曼，还有《女生日记》中的冉冬阳。最近出的一

本新书《假小子戴安》，写的就是一个十分特别的女孩子。

问：为什么读了"淘气包马小跳"这套书以后，我感到写作文容易多了？——新疆乌鲁木齐市　余晓戈

答：写作文最难的是感到"没什么可写"。马小跳是个普通的孩子，我写的都是他每天经历的平凡小事和他身边的平凡人物。有很多小读者读了这套书后恍然大悟：原来生活中的许多事和许多人都可以写进作文里。作文有内容可写，当然就容易多了。

问：以前，我以为漫画书是世界上最好看的书，自从读了"淘气包马小跳"后才知道，文字书也很好看。现在，连我的爸爸妈妈也喜欢看这套书了，他们喜欢马小跳淘气、可爱的样子。你还会把这个系列继续写下去吗？——北京市海淀区太平路小学四（1）班　杨京钰

答：马小跳是我最珍爱的一个儿童形象，我是想通过他艺术地再现我们中国儿童的生活现实和心理现实，再现他眼睛里的成人世界，这应该是一个很长的系列，对我来说，也是一个漫长的写作过程。我希望我的马小跳能伴随所有的孩子快乐成长，希望我的马小跳能成为"捍卫童年"的形象代言人。

与马小跳过招

1. 马小跳刚出生时的名字是（　）
A. 马小跳　B. 马小骥　C. 马小骏

2. 马小跳最喜欢的女生是（　）
A. 路曼曼　B. 安琪儿　C. 夏林果

3. 马小跳最喜欢的老师是（　）
A. 美术课老师林老师　B. 班主任秦老师
C. 科学课老师轰隆隆老师

4. 马小跳的铁哥们儿是（　）
A. 张达　B. 唐飞　C. 毛超

5. 马小跳的同桌冤家是（　）
A. 路曼曼　B. 杜真子　C. 夏林果

6. 丁文涛的口头禅是（　）
A. "我告诉你"　B. "你懂不懂"　C. 说成语

7. 马小跳最不喜欢的女生是（　）
A. 路曼曼　B. 杜真子　C. 安琪儿

8. 马小跳最不喜欢的男生是（　）
A. 林子聪　B. 丁文涛　C. 张达

9. 马小跳的最爱是（　）
A. 班主任秦老师　B. 爸爸马天笑　C. 妈妈丁蕊

10. 天真妈妈最喜欢的花是（　）
A. 百合花　B. 玫瑰花　C. 菊花

158

11. 丁文涛最喜欢送给别人作为礼物的花是（　）

A. 百合花　B. 玫瑰花　C. 菊花

12. 教马小跳学魔术的是（　）

A. 爸爸马天笑　B. 舅舅丁克　C. 科学课老师轰隆隆老师

13. 天真妈妈是（　）

A. 玩具设计师　B. 橱窗设计师　C. 医生

14. 韩力哥哥是（　）

A. 玩具设计师　B. 橱窗设计师　C. 医生

15. 安琪儿的爸爸最喜欢（　）

A. 篮球　B. 足球　C. 网球

16. 马小跳为妈妈做的一顿饭是（　）

A. 三明治　B. 汉堡包　C. 土豆沙拉

17. 杜真子给"四个小矮人"做的一顿饭是（　）

A. 三明治　B. 汉堡包　C. 土豆沙拉

18. 马小跳为妈妈熬的汤是（　）

A. 棒子骨汤　B. 排骨汤　C. 鸡汤

19. 喜欢杜真子的是（　）

A. 张达　B. 唐飞　C. 毛超

20. 废话大王是（　）

A. 张达　B. 唐飞　C. 毛超

21. 成语大王是（　）

A. 马小跳　B. 丁文涛　C. 杜真子

22. "马小跳"的销量已突破（　）

A. 1400万册　B. 1500万册　C. 1600万册

23. "马小跳"的作者杨红樱阿姨曾经当过（　）

A. 小学老师　B. 中学老师　C. 大学老师

24. 出版"马小跳"的出版社是（　）

A. 接力出版社　　B. 中国少年儿童出版社　　C. 作家出版社

25. 正把"马小跳"拍成电影、电视连续剧、动画片的是（　）

A. 中影集团　　B. 中央电视台　　C. 北京电视台

请认真答题（可多选），并将以下答题纸沿虚线剪下寄至编辑部，凡答对20题以上的读者均有机会参加抽奖（请在信封上标明"马小跳试题答卷"）。

此外，将收集到的6张马小跳卡通形象（见第1—14册书后所赠标有"抽奖用"字样的不干胶马小跳卡通形象，撕下贴在一张纸上）寄到编辑部的读者，同样有机会参加抽奖。

编辑部将截至每年4月30日和10月30日（以邮戳日期为准）分两次进行抽奖，每次随机抽出一等奖5名，各奖励价值100元的图书；二等奖20名，各奖励价值30元的图书；三等奖30名，各奖励价值15元的图书；纪念奖若干名，赠送精美卡片。

☆☆☆☆☆来信请寄：100027　北京市东二环外东中街58号美惠大厦3单元1203室马小跳编辑部　收。请注明详细地址、邮编和姓名。给杨红樱阿姨的信请寄：100025　北京市朝阳区姚家园路97号泛海国际碧海园3号楼1单元1102室，或从网上直接传给杨阿姨，电子邮箱是：yanghongying@yanghongying.com。

马小跳编辑部

"马小跳"试题答卷

1	2	3	4	5	6	7	8	9	10	11	12	13

14	15	16	17	18	19	20	21	22	23	24	25

读者来信选登

亲爱的编辑部的叔叔阿姨们：

你们好！

我已经寄出了这份答卷，但大概不可能获奖。我很喜欢"马小跳"，获不获奖没关系，重在参与嘛！

我觉得，"马小跳"的封面、内容都很棒，只是价格有点偏高。我经常是攒早点钱来买"马小跳"的，一个星期也攒不够一本"马小跳"的钱，父母也不会经常给我买，因为上六年级了。

"马小跳"的内容很丰富，叔叔阿姨们也很辛苦，我作为一名小县城的小学生代表很多喜爱杨红樱阿姨书的孩子们感谢你们，谢谢啦！

不知叔叔阿姨们是否能采纳我写的小说，或许，不行吧！我想也是，我也没写完，写的主要是我们这个班的事情，发表一下自己的见解，写了四五篇了，我定好了书名，叫《捣蛋班级——孩子也会很烦恼》。

要写的大概也就这些了，也许这封信又会"肉包子打狗——有去无回"了吧？不过，我还是相信叔叔阿姨们会给我回信的，我做了小笔套送给叔叔阿姨们。

祝天天开心，百事可乐！

——云南省泸西县中枢镇建设小学六（1）班 杨金衡（652400）

杨红樱阿姨，我认为书中的路曼曼太凶了，她虽然是中队长，可她喜欢嘲笑别人，以为自己是秦老师面前的"红人"就自高自大，自以为是，自……唉，我也不多说成语了，因为，我也不想成为像丁文涛那样自作聪明的小大人。

正因为书里有善良、幽默的马小跳，有天真、可爱的安琪儿，我想，在许多的"马小跳"书迷中，一定也有像马小跳、安琪儿这样的同学。所以，我也很强烈地想加入"马小跳书迷会"。在那里认识更多的知心朋友。希望你们能接受我的申请，让我成为"马小跳书迷会"的一员，非常感谢！

——湖南省长沙市开福区浏河小学四（1）班　曾家鑫(410008)

亲爱的杨红樱阿姨：

我是您忠实的小读者。以前的我一直认为冰心写的小说和童话故事是最好看的。我是个小书迷，一有书，就天天看。可是，时间长了，书店里的书都差不多看遍了，渐渐觉得不过瘾了。自从我的好朋友介绍了你写的书以后，我一去到书店，就赶紧找您写的书看，看得津津有味。这时候的我，恨不得一天有一百个小时，那样我有很多时间可以看您写的书。

现在，我家的书柜里差不多有五分之一的书是您写的书。我一有时间，就会跑到书柜旁，看您写的书。您写的书落笔别出心裁，构思与众不同，充满童趣，让人回味无穷，经常在脑海里想象您所写的人物。

记得有一次，我的好朋友李秋婷带来了几本"马小跳"系列的书。在你笔下的马小跳淘气活泼可爱，马小跳的铁哥们儿各有各的特点，他们在紧张的时刻总是团结一心。最令我感动的是马小跳竞选市长和马小跳的哥们儿当队长带领全班同学徒步十公里。最后，马小跳因为有唐飞、张达和毛超他们的支持和帮助，当上了小市长；由于有他们四个当队长，团结合作，带领全班同学顺利地第一个返回学校。

记得我有了您写的第一本书，我就像得到了一件稀世珍宝。还没看完，不敢折，就用一张纸夹着；看了一遍又一遍，都不厌烦。我才知道原来您写的小说是这么有趣，如果让我每时每刻都在看就好了。

看了您写的书之后，不但大大地提高了我的写作能力，还让我的想象力"更上一层楼"，我的课余生活更有意义了。我还准备照着您写的杜真子做的土豆沙拉和冉冬阳做的"翡翠龙眼"做一顿饭给爸爸妈妈吃。希望您能写出更多有关马小跳的书。

——广东省东莞市厚街镇宝屯小学五（1）班　李志慧（523962）

敬爱的杨红樱老师：

你好！

怎样称呼你的确有点头痛。我已经上大学了，若再叫你阿姨有点不好意思了，若称你姐姐有点不妥，忽然想起你当过老师，就喊你老师吧！

这个暑假我来张睿萱家做家教，偶然的机会认识了马小跳。立刻被里面古灵精怪的活跃人物吸引住了。尤其是马小跳，正直、勇敢、富有爱心。即使是淘气但也有理有据。他思想纯洁，行动有点夸张。心地善良，活泼聪明，我越读越是喜欢。

这也难怪睿睿的表姐许静轩把书推荐给妈妈看，又推荐给表妹看，表妹的妈妈也看，就连我也迷上了马小跳。

书中对人物的心理描写很经典，既细致又真切，对孩子的心理分析很到位，尤其是马小跳的心理变化描写得很突出。既展示了马小跳的思想又展现了马小跳的风采。

许静轩、张睿萱和我都想成为马小跳书迷会的会员，希望能够和更多的人一起分享我们读书的快乐。

将要成为教师的我，很荣幸能够认识你。这套书让我看到你对孩子的尊重、对孩子的理解、对孩子的关注。我觉得你是个细心的妈妈，做你的孩子一定很幸福；你是一个很负责的老师，做你的学生一定很幸运；你是一个很有爱心的作家，把爱和尊重给了孩子，做你的书迷很荣幸！

——河南省郑州师范高等专科学校生命科学系 孟飒飒（450002）

亲爱的杨红樱阿姨：

您好！

我是您忠实的书迷。在您的作品中，我最喜欢的是"淘气包马小跳系列"，马小跳轻松而幽默，我特别喜欢这个人物。

从我买的第一本《漂亮女孩夏林果》起，我看完了，妈妈也看，她渐渐地喜欢上了马小跳这个人物，边看边跟我说："啧啧！你看人家杨红樱阿姨写得多好，人物刻画得多形象！"

五月的时候，表妹张睿萱向我借了几本"马小跳"，她也被马小跳吸引住了，很快她看完了《笨女孩安琪儿》。后来发展到我的四姨（也就是张睿萱的妈妈），还有他们家的家教孟飒飒姐姐也成了"跳跳糖"。

杨红樱阿姨，希望您把"马小跳"这个系列继续写下去，我们这些"跳跳糖"一定会支持您的！

我期待着加入"马小跳书迷会"，更期待着您的回信。

——河南省郑州市农大附中小学部六（2）班　许静轩（450002）

马小跳那种阳光、诚实、有骨气、善良的精神感染了我。我发现，做到马小跳的这几点就会成为世界上最幸福与快乐的人。我真的发现老师没放弃我，我靠努力，靠自己，真的可以做到别人做到的，因为我相信：我能改变历史！

——山西省泽州县金村镇铺头逸夫小学六（2）班　孔万里（048000）

我可喜欢看您写的"淘气包马小跳系列"啦！

故事中的人物都是那么的鲜活、有特色。要是故事里的人物都存在，而且还在我的身边多好呀！

——福建省浦城县光明小学六年级　陈珺彤（353400）

马小跳书迷会

相约马小跳　共度好时光

各位同学和朋友可以写信至北京市东二环外东中街58号美惠大厦3单元1203室马小跳编辑部收（100027）或发电子邮件至 yr1001@sina.com，将自动成为"马小跳书迷会"会员。申请成为会员必须提供以下个人资料：

姓名：_____　　性别：_____　　年龄：_____

文化程度（几年级）：_____

联系电话（如果有的话）：_____．

E-mail（如果有的话）：_____

详细地址（含邮编）：_____

爱好（或特长）：_____

"马小跳书迷会"会员享有以下权利：

1. 有机会参加每半年举行一次的抽奖（每次截止时间为4月30日和10月30日，每年5月和11月分两次抽奖），获赠接力版新书一册（每次有20人成为幸运会员）。

2. 有机会获得其他会员的相关信息，并和他们交朋友，互相学习，共同提高。

3. 有机会和"马小跳"作者杨红樱阿姨联系。杨红樱阿姨的电子邮箱是 yanghongying@yanghongying.com。由于来信太多，杨阿姨将重点给"马小跳书迷会"会员回信。

4. 参加"与马小跳过招"的各种活动，详见"淘气包马小跳系列"每本书的最后几页。

5. 有机会亲身参加"马小跳书迷会"的所有活动。

收集马小跳卡通形象及马小跳试题答题抽奖获奖名单

（截至2008年10月30日）

一等奖 5 名：

 杨瀚淇 北京市中关村第三小学二（11）班（100091）

 张钰寅 上海市杨浦区六一小学四（2）班（200438）

 穆秋衡 天津市和平区岳阳道昆鹏小学双语四（1）班（300000）

 李天宁 广西南宁市民主路小学四（1）班（530000）

 荣辰初 安徽省含山县环峰小学三（2）班（238100）

二等奖 20 名：

 罗慧琳 广东省深圳市梅园小学四（2）班（518045）

 杨依然 陕西省紫阳县城关小学三（2）班（725300）

 何明峰 四川省成都市成华区双林小学三（4）班（610066）

 刘若晨 河北省任丘市华北石油局机关小学三（1）班（062552）

 郑月华 重庆市双桥区双路小学五（4）班（400900）

 李　宁 江苏省连云港市赣榆县实验小学二（7）班（222100）

 王泽远 河南省信阳市胜利路小学三（7）班（464000）

 刘书博 内蒙古通辽市奈曼旗实验小学三（1）班（028300）

 范巍晟 新疆石河子市 14 小区第三小学二（3）班（832000）

 邵伟逸 贵州省金沙县第二小学六（6）班（551800）

 张子玉 辽宁省普兰店市实验小学三（3）班（116200）

 张恒睿 山东省济宁市黄家小学三（3）班（272000）

 丁思萱 吉林省松源市油区钻井小学二（6）班（138000）

 詹　晨 宁夏银川市回民三小五（2）班（750001）

 李　昊 黑龙江省大庆市龙南小学三（2）班（163000）

 童璟铭 福建省永安市实验小学三（1）班（366000）

 陈郁佳 湖北省荆门市实验小学五（7）班（448000）

 熊瑞锦 湖南省安化县梅城完小 155 班（413522）

 连子墨 浙江省玉环县陈屿中心小学二（1）班（317604）

 钟佳倩 江西省大余县东门小学二（11）班（341500）

三等奖 30 名、幸运奖 520 名（名单略）

温 馨 提 示

亲爱的小读者:

　　杨红樱阿姨创作的"淘气包马小跳系列"图书出版后深受小读者、家长和老师的欢迎与喜爱,但最近我们发现,有不少非法书商或疯狂盗印"马小跳",或假冒杨红樱阿姨之名非法出版"马小跳"伪书,严重损害了杨红樱阿姨、接力出版社和读者的合法权益。提醒大家注意:

　　1. 千万不要买盗版"马小跳"

　　接力出版社出版的正版"马小跳"图书,环衬均采用接力出版社特制水印防伪专用纸,这种专用防伪纸迎光透视可看出接力出版社社标和专用字。凡是没有特制水印防伪专用纸者均为盗版或伪版。

　　2. 千万不要买"马小跳"伪书

　　这类伪书是用东拼西凑的文稿冒充"淘气包马小跳系列"新书,或者把别的作家、作者的书稿改换其中的人名、地名等,署上杨红樱阿姨的名字,欺骗读者。目前已发现的"马小跳"伪书有:《马小跳要换牙齿了》、《快乐马小跳》、《夏林果的幸福感觉》、《丁克舅舅的神奇魔法》、《两盒巧克力》、《两盒巧克力豆》、《想当模特的安琪儿》、《奥数天才路曼曼》、

《校园改造计划》、《小个子马小跳》、《杜真子的梦想》、《马小跳当模特了》、《神奇的听诊器》、《神秘失踪》、《捣蛋也精彩》、《马小跳的"鬼点子"》、《马小跳的哥们儿》、《班长丁文涛》、《唐飞的影子》、《笨小子张达》、《路曼曼的开心生活》、《学校里的风波》、《杜真子的手机》、《体会成长的滋味》、《淘气包的暑假计划》、《人小鬼大的马小跳》、《心直口快的马小跳》、《神奇的睡帽》、《马小跳的秘密》、《天才马小跳》、《幸福的夏林果》、《安琪儿变漂亮了》、《孤单的路曼曼》、《杜真子的伙伴》、《背叛的夏林果》、《学校的乐团》、《奇怪的杜真子》、《马小跳的生日会》、《摄影的魅力》、《厚脸皮的马小跳》、《马小跳的第一个零分》、《和林老师的合约》、《做个勇敢的孩子》、《天真女孩路曼曼》、《杜真子的秘密》、《恐怖的网络》、《马小跳的梦想》、《课外学习班》）。

3. 千万不要买所谓的"马小跳"合集、超值本、精华本、珍藏本

这类书是把"马小跳"的其中几本合成一本，字号特别小，文字排得很密，插图较小，错漏百出，影响视力。杨红樱阿姨迄今为止从未授权出版此类"马小跳"合集、超值本、精华本、珍藏本。

小读者发现伪书和盗版书后可以向当地新闻出版管理部门举报，也可以给接力出版社打电话：010-65545240 0771-5866644。

图书在版编目（CIP）数据

小英雄和芭蕾公主/杨红樱著.—南宁:接力出版社,2009.1
（淘气包马小跳系列）
ISBN 978-7-5448-0613-8

I.小… II.杨… III.儿童文学-长篇小说-中国-当代 IV.I287.45

中国版本图书馆CIP数据核字（2008）第192208号

责任编辑：余 人 封面设计：郭树坤
责任校对：王 静 责任监印：刘 签 媒介主理：马 婕

社长：黄 俭 总编辑：白 冰
出版发行：接力出版社
社址：广西南宁市园湖南路9号 邮编：530022
电话：0771-5863339（发行部） 010-65545240（发行部）
传真：0771-5863291（发行部） 010-65545210（发行部）
网址:http://www.jielibeijing.com http://www.jielibook.com
E-mail:jielipub@public.nn.gx.cn

经销：新华书店

印制：三河市宏达印刷有限公司
开本：787毫米×1188毫米 1/32
印张：5.375 字数：90千字
版次：2009年1月第1版 印次：2009年1月第1次印刷
印数：000 001—300 000册
定价：13.80元

版权所有　侵权必究